# 孩子教育

## 61个神奇的心理效应

杨泰山 ◎ 著

上海文化出版社

图书在版编目（ＣＩＰ）数据

孩子教育：61个神奇的心理效应 / 杨泰山著. --
上海 ：上海文化出版社, 2017.5（2020.3重印）
　　ISBN 978-7-5535-0705-7

　　Ⅰ. ①孩… Ⅱ. ①杨… Ⅲ. ①中学生－心理健康－健
康教育－研究 Ⅳ. ①G444

　　中国版本图书馆 CIP 数据核字(2017)第 088216 号

出 版 人：姜逸青
责任编辑：罗　英　　王绍政

书　　名：孩子教育：61 个神奇的心理效应
作　　者：杨泰山
出　　版：上海世纪出版集团　上海文化出版社
地　　址：上海市绍兴路 7 号　200020
发　　行：上海文艺出版社发行中心
　　　　　上海市绍兴路 50 号　200020　www.ewen.co
印　　刷：上海叶大印务发展有限公司
开　　本：710×1000　1/16
印　　张：12
印　　次：2017 年 5 月第一版　2020 年 3 月第十一次印刷
书　　号：ISBN　978-7-5535-0705-7/G.093
定　　价：30.00 元
告 读 者：如发现本书有质量问题请与印刷厂质量科联系 T：021-66019858

# · 前 言 ·

> 知识，这是大自然的礼物；因为它给予了你获得一切必需的智慧。
>
> ——（英国）休谟

教育心理学告诉我们，心理是客观现实的反映。师生双方在开展教育教学认知活动时，家长与子女面临"成长的烦恼"时，都必然伴随着各种心理活动。如果教师能够遵循心理学的基本原理展开教学活动，如果家长能够遵循心理学的基本原理实施家庭教育，教学效率和教育沟通效果一定会得到事半功倍的提升。

"心理效应"是指人、物、境诸因素相互作用下对人的心理所产生的影响效果。它是一种实验的结果，也是实践的提炼，又是现象的揭示。心理效应是客观存在的，同时它又是生动有趣、富有哲理的。实践证明，许多心理效应对我们的教育观念、教育方法有着重要的启发意义。

孟子曰："君子深造之以道，欲其自得之也。自得之，则居之安；居之安，则资之深；资之深，则取之左右逢其源，故君子欲其自得之也。"读书学习贵在自得，希望《孩子教育——61个神奇的心理效应》这本书，能够给予呕心沥血教育学生的广大教师们，以及为了孩子的成长不辞辛劳的爸爸妈妈、爷爷奶奶们以启迪和帮助。

为了孩子，也为我们自己。

杨泰山

2016 年 10 月

# 目 录 c o n t e n t s

contents **目 录**

# 目 录 contents

# 手表效应

## —— 教育方法要一致

> 父母亲对儿童的教育越是接近于学校以及少先队组织所要求的那个道德标准，那么儿童就越幸福，也就越能珍视自己的家庭和个人的荣誉。
>
> ——（苏联）苏霍姆林斯基

　　小喆喆今年七岁，是一位小学二年级的学生。

　　这天，他吃完早饭，戴上心爱的绿领巾，正想去拿书包，妈妈一把抢过书包，连声催促，"快走，快走，别迟到了。"小喆喆在一边小声嘟囔："老师说的，自己的事情自己做。你老是不让我自己背书包。"

　　金秋季节，早晨有些凉爽，路边的梧桐树叶子已有少数开始泛黄，小喆喆和妈妈顺着上街沿青砖路快步来到一条横马路的路口。"是红灯！"小喆喆拽了拽妈妈的衣袖，"没车，别浪费时间！"妈妈握住小喆喆的手，左右看了一下，拉着他快速穿过了马路。小喆喆一脸疑惑，"浪费时间？……你自己和我说的，过马路不能闯红灯"。

　　放学了，爷爷早早就等在校门口，爷孙俩有说有笑地回到家。小喆喆取出书和簿子，好像打算完成作业和预习，但是他坐在小书桌前又心猿意马，迟疑不定——这个时间段电视里有好看的动画片哎！爷爷看出小喆喆的心思了，呵呵笑道："去看电视吧，看完了再做功课。""可是妈妈规定我要先完成作业。""没事的，你妈妈还有一小时零一刻钟才到家呢"，爷爷很肯定地说道。"谢谢爷爷！"小喆喆欢呼雀跃奔向客厅。

　　"吃饭喽！"随着妈妈熟悉的一声召唤，全家围拢在香味四溢的餐桌四周，开始了一天最温馨的相聚时刻。小喆喆趁爸爸说话的时候，又偷偷夹了一大块肉，谁料还是被爸爸发现了，"喆喆，吃了几块肉了？青菜、豆腐干嘛一口不碰？""哎哟，小孩子多吃点肉有什么关系啊"，妈妈帮腔了。"你没见他快成一个小胖子了！要多吃点素菜，要注意营养均衡。""哪能啊，早晨我送他去上学，比他胖的小孩儿多着呢，晚饭后吃点水果也一样。"小喆喆两眼溜圆，骨碌骨碌转个不停，看看爸爸，又看看妈妈……

小喆喆的一天，虽然很愉快，但也充满着"向左走，向右走"的疑惑与矛盾。

一个人拥有一只手表时，可以知道现在是几点钟，而当他同时拥有两只走时不一致的手表时，却无法确定时间。两只手表并不能告诉手表的主人更加准确的时间，反而会让他失去对准确时间的把握与信心，这就是心理学上所说的"手表效应"。

在家庭教育方面，"手表效应"给家长们一种非常明确的告诫，那就是对孩子的教育不能同时采用两种不同的方法，不能同时设置两个不同的目标、提出两个不同的要求，否则将使孩子无所适从，甚至导致混乱。

所以，深刻理解"手表效应"，对孩子的教育采取一致的、正确的目标要求和做法是很关键的。

家庭成员教育孩子的目标要求和方法要一致。无论是父母，还是爷爷奶奶或其他长辈，在教育孩子上，相互之间要多沟通，阐明理由，最终要达成一致。不能像小喆喆的家长那样，各有各的要求标准，或是当着孩子的面争论，让孩子感觉到疑惑、彷徨、无所适从。

父母的言行要一致。身为父母，不能自己说一套，做一套，当着孩子的面一套，背着孩子又一套。这样做，同样让孩子没法确认什么是对的。例如有的家长教育孩子不要说谎话，而自己却经常欺骗孩子，不兑现自己的诺言；教育孩子尊老爱幼，而自己却不孝顺父母；教育孩子讲公德，而自己却随手乱扔垃圾、宠物便溺不及时清除，在公共场所吸烟……这些都会造成孩子价值体系的混乱，产生负面效果。

父母要和学校教育保持一致。父母要多了解孩子在学校的情况，和老师保持经常性的联系。如果父母的教育和学校的教育出现矛盾，孩子在学校所接受的教育的效果就会在家庭中被削弱。所以一旦出现学校家庭教育不一致的现象，家长就要和老师进行沟通，采取一致的教育方法。

　　总之，为了孩子的身心健康成长，培养目标要求不一致、教育方法不一致的现象一定要避免。

# 备忘录效应

## ——记好课堂笔记

> 读书若不及时做笔记，犹如雨落大海没有踪迹。
>
> ——（中国）章学诚

现今，美国斯坦福大学的教室里，现代化教学设备应有尽有，然而很多学科的教学完全不用电脑，仍然坚持传统的教授方式，就是老师在黑板上用粉笔写板书，学生记笔记。在一些课上，老师明确规定，只能以手写方式记笔记，不能用笔记本电脑记录，更不允许用手机拍摄。

位于硅谷、教学设备先进的斯坦福大学为什么要坚守传统？这是由学科的性质决定的。像数学这种学科，要使用大量的抽象符号，而且内容大都是定理公式的证明推导，如果老师只展示事先准备好的PPT，学生就没有机会领悟推导过程。再加上自己不动手抄写，上课内容成了过眼云烟，脑子里留下的印象会很浅，结果根本无法掌握这些知识。

美国心理学家巴纳特1981年做了一个实验，用来研究"做笔记"与"不做笔记"对学生听课学习效能的影响。

他要求学生们在同一时间听一段相同的、以每分钟120个词的中等速度进行朗读的、总量为1800个词的、介绍美国公路发展史的文章录音。

出于实验的需要，他把学生们分为三个组，要求三组学生以不同的方式收听录音：A组为记笔记组，要求同学们一边听课（录音），一边自己选择要点记好课堂笔记；B组为边听边看组，他们在听课（录音）

的同时，可以看到所呈现的内容要点的字幕，但自己不动手书写；C组为纯听组，他们既不动手写课堂笔记，也看不到有关要点的字幕，只是单纯听讲。

学习之后，巴纳特对所有学生进行回忆测验，检查对文章内容的记忆效果。结果表明：一边听课，一边动手写课堂笔记的A组学习成效最好；在听课的同时看内容要点，但自己不动手的B组的学习成效次之；单纯听讲而不做笔记，也看不到内容要点的C组成效最差。

备忘录，本是一种书面纪要。将需要用脑记住的东西同时用笔记录下来，却会辅助增强记忆。在记忆心理学中，人们把这种现象称为"备忘录效应"。

课堂学习是学生在校学习的基本形式。学生在校的大部分时间是在课堂上度过的，因此，学会听课，提高课堂学习效率，是学业成功的关键。那么怎样听课才能提高学习效率呢？作为2016年IB（国际文凭课程）考试全球146名满分获得者之一的上海学生苏晟屹，在总结"独门秘笈"时谈到：主动思考、善做笔记、与老师保持良好沟通、保证充分的睡眠，是取得好成绩的四大要素。

"备忘录效应"（记好课堂笔记）的有效应用，是教育心理学馈赠学生读好书的诀窍。

记笔记有助于引导并稳定学生的听课注意力。课堂学习效率低下的一大原因是上课时注意力不集中、思维开小差，如有些同学上课时眼睛瞪得大大的，似乎在认真听，实际上思想早已溜了号，什么也没听进去。而如果学生能按要求记好笔记，那就必须跟上老师的讲课内容和节奏，把注意力集中到对学习内容的思考上，这样也就制约了学生注意力分散到学习以外的状况发生。

记笔记有助于对学习内容的理解。听课效能的高低，取决于对教师讲授内容的理解程度。有些同学不用脑子思考，盲目地、机械地听，结果，一堂课下来，脑子里什么也没留下、没记住。这些同学是典型的不会听课，白白浪费了宝贵的时间。记笔记的过程本身就是一个积极思考的过程。通过记笔记，可调动眼、耳、手、脑一齐活动，做到眼耳手脑各种感官配合去促进对课堂讲授内容的理解。

记笔记有助于积累资料，扩充新知识。笔记可以记下书本上没有的、老师在课堂讲授的一些新知识新观点。这样不断积累，便能获得许多新知识。

记笔记除了有利于提高课堂学习效率外，还有助于对所学知识的复习和记忆。如果不记笔记，复习时只好从头到尾去读教材，这样既费时间，又难得要领，效果不佳。如果在听课的同时记下讲课的纲要、重点和疑难点，用自己的语言记下对所学知识的理解和体会，那么在对照笔记进行复习时，既有系统、有条理，又觉得亲切熟悉，复习起来会得心应手，效率提高不少。

怎样才能记好课堂笔记呢？

做好笔记，最好给每一门课程准备一个单独的笔记本，并通过不同颜色的笔来区分"纲要""重点内容""思考提示"等；不要使用录音笔，要自己动手用笔来记。用录音笔虽然能将老师讲课的内容全录下来，但自己没参与记的过程，没有一个积极思考的过程，没有要点摘录……做笔记的好处将荡然无存；笔记的每页外侧留出1/3或1/4的空白，用于课后拾遗补缺，或写上自己对所学知识的理解与体会。

"不动笔墨不读书。"上课时边思考边摘记学习要点，一定会给学业带来好处。

# 超限效应之一
## ——大作家为何偷钱

> 当人过度的时候，最适意的东西也会变成最不适意的东西。
>
> ——（古希腊）德谟克利特

广袤的美国大地上建有许多教堂。星期天上午，随着教堂钟声在静悄悄的镇子上空悠扬响起，原本就稀疏的行人大多朝着教堂走去，去参加祷告、读经、唱诗、讲道等活动。街上更空寂了。

牧师是教堂的主角，他们负责用每位教徒能听得懂的浅显语言，来传达上帝的旨意：不要歧视弱者、不要背后说别人坏话、要做包括募捐在内的善事、要爱护公物、要谦让、要信奉创造有形无形万物的上帝，等等。当然，每位牧师演讲的水准参差不齐。

著名作家马克·吐温一天在教堂听牧师演讲，刚开始的时候，他感到牧师演讲的内容十分丰富，而且语音悦耳，肢体语言也表达得淋漓尽致。马克·吐温被深深打动了，他决定今天在牧师演讲结束时要多捐些钱，以此来表示对这位牧师的尊敬和支持。

当牧师讲了四十多分钟，却没有要结束的迹象时，马克·吐温开始有些不快了。又过了近三十分钟，牧师的演讲依旧没有结束。马克·吐温有些生气了，觉得这位牧师太啰唆。他在心里暗自决定，今天在募捐的时候只捐一些零钱。他试图闭目思考，为正在撰写的一部小说的后续情节打腹稿。可是在潜意识中，总感觉牧师好像再有两三分钟就能结束他的演讲，因而无法聚神构思。随着结束时间的预期一再落空，他心中的愤懑开始不断升腾，"真是太过分了！"马克·吐温赌咒发誓地决定：今天不捐钱了。当冗长的演讲终于结束，牧师端着募捐箱来到马克·吐温面前时，气愤的马克·吐温不仅一分钱未捐，相反，他还用手指从箱子里偷偷夹出了两美元。

马克·吐温为什么偷两元钱？这是心理"超限效应"造成的。心理学上的"超限效应"，指的是同一刺激对人的作用时间过长、强度过大、频率过高，会使神经细胞处于抑制状态，让人产生极不耐烦的心理体验，最后产生反感和反抗行为。

笔者也曾经遇到一例"超限效应"的事：那年，离高考只有几天了，一位家长冒着雨来到办公室找老师，"急死人了！儿子不好好在家复习，跑出去了，伞也不带，我到处找遍了也没找到……""别急，别急，我们一起来想办法。"笔者后来设法联系上了那位学生。"我没出去玩儿。"学生说，"我在家复习做题目，老爸借口倒茶、调整空调温度、拿东西等，来我房间监督我、叮嘱我，一个多小时里'骚扰'了我三四次，我实在受不了了，就使了个调虎离山计——假装逃离。我来到楼下，把门'砰'地摔了一下，然后就迅速躲到厨房的门后。待老爸中计追出去后，我就返回房间安安静静开始复习了。"这里，我们既有对家长急迫心情的理解，也有对学生处境的同情，更感到普及心理学的重要性。

孩子对唠叨的反感超出大人们的想象。"你们最不喜欢父母对你们做什么？"的调查结果中，孩子们最不喜欢的是父母的"唠叨"。其实，这也不是中国"特色"，韩国、美国甚至全世界的孩子们都很怕父母唠叨，甚至有孩子因为实在受不了"唠叨"而离家出走。

在关心和教育孩子时，要注重教育的"质"而不是"量"。家长（教师）如果不讲究方式方法、不注意"度"的把握、不进行换位思考，一味冗长地批评、重复地唠叨叮嘱，则可能引起子女（学生）心理上的极大不耐烦和逆反。"超限效应"在学校教育和家庭教育中都应注意避免。

# 超限效应之二
## ——为何适得其反？

> 疏可走马，密不透风，计白以当黑。
>
> ——（中国）邓石

杰米扬是一个十分好客的人。有一天，一位朋友远道来访，杰米扬非常高兴，亲自下厨煲了一大盆鲜美的鱼汤来招待，这可是他最拿手的好菜。杰米扬为朋友盛了满满一大碗汤，热情地递了过去，朋友对鱼汤的味道感到很满意，对杰米扬的厨艺大加赞赏。于是，杰米扬就给朋友又盛了满满一大碗。第二碗下肚，朋友有点嫌多受不了了。可杰米扬没有觉察，仍然一个劲地添盛"劝汤"。那位朋友终于忍无可忍，拂袖而去。（俄国作家克雷洛夫的寓言《杰米扬的汤》）

心理学家米勒进行过一项有关广告画张贴效果的实验，一是把有精美画面的广告在大学生宿舍公共场所的墙上每隔 15 英尺贴一张，共贴 30 张（这是中等张数），贴两天；一是把同样的、但更多张数的广告用较短的墙面距离贴三天以上。结果表明：中等张数贴两天，使大学生们增加了对广告画的喜欢，过量张数与天数则减少了大学生们对广告画的喜欢。这种用同样的刺激物进行过强、过大的刺激，或者机械地、时间间隔与空间间隔非常小地重复作用于某些个体，从而引起个体极不耐烦或逆反心理的现象，在心理学上称为"超限效应"。

在中小学教育中，心理超限效应的危害很多：它会导致学生的负面情绪的积累，造成心理疲劳；会使学生产生逆反乃至对抗心理，造成教育主客体之间关系紧张；会挫伤学生学习和活动的积极性，影响学习成效；会对学生自我概念的正确形成产生诸多不利，进而影响心理健康发展。

如何在孩子教育中避免超限效应呢？

一、教育要遵循心理活动产生和发展的规律。要记住，并不是任何刺激都可以使人产生正常的心理反应：过弱的刺激难以使人产生心理反应，达不到既定目的；反之，过度的刺激只能导致消极的超限心理反应。只有恰到好处，才能避免"无动于衷"或者是"物极必反"、"欲速则不达"等现象发生。

二、表扬和批评都应该把握"火候""分寸""尺度"。表扬和批评是学校教育和家庭教育的"常规武器"，教师和家长在教育过程中使用这两个"常规武器"时，都应该把握一个"度"。表扬时，要善于抓住其闪光点，但表扬不能太频繁、太"廉价"，否则孩子会由"受鼓舞"到"不为所动"，会认为他所得到的表扬缺少内涵、缺少含金量，甚至会认为是缺乏诚意的假表扬。批评时，更要讲究艺术，应本着"犯一次错误，只批评一次"的原则，不要"苦口婆心""诲人不倦""穷追不舍"地唠叨个不停。如果又犯了同样的错误，也应该换个角度、变个方式进行批评，不要老调重弹。有时，孩子犯了错误，恰恰是宽恕才能触及他自尊心最敏感的部分，使他内心产生一股要求改正错误的意志力和积极性。

三、各种教育要求要适当。在教育教学中，教师和家长向孩子提出一定的教育要求，完全是应当的。但是，教育要求要提得适当，要符合孩子的身心特点和实际情况。一节精彩的写作课结束，正当孩子暗自准备好好写一篇作文时，教师突然宣布："由于小长假，时间较为充裕，所以布置8篇作文。"相信孩子一定会崩溃！

四、讲究教育的"留白"艺术。中国绘画讲究"疏可走马，密不透风，计白以当黑"。"疏可走马"，指的就是"留白"。有了空白，才能更好地突出主题和产生美感，学校教育、家庭教育亦然。心理学原理中的"完形理论"认为："残缺、空白"的东西，最容易使人产生一种急于"填补""充实"的倾向，产生一种使之匀称、完美的思想，从而引发一种进取、追求的"内驱力"。适当的"留白"，更易激起孩子想象的浪花和好奇的涟漪。孩子们是有尊严、有追求、有灵气、有个性、有自我情感的生命个体，而不是一个个任人摆布的木偶。因此，在平时的教育过程中，要注意点到为止，适时适当地给孩子心中留点空白，让孩子自己去深入思考和自我反省。

记住：教育孩子千万要注意"过犹不及"。一天之内，批评不要超过两次，有时要学会适时放手，让孩子尝尝错误的"苦果"。

# 暗示效应
## ——教育的魔棒

> 任何一种教育现象，孩子在其中越少感觉到教育的意图，它的教育效果就越好。
>
> ——（苏联）苏霍姆林斯基

"暗示效应"是指一个人在无意识中接受了一定的诱导，并做出与之相一致的行为的现象。研究表明，积极的暗示会得到积极的结果，消极的暗示则得到消极的结果。

例一：

晚宴进行到一半时，厨师突然慌里慌张地冲了进来，宣布说他犯了一个致命的错误，他误把某种清洗剂当做佐料放进了食物里！在座的客人们都马上感到腹部难受、恶心欲呕。但是过了一会儿，厨师重新回到了餐厅里，澄清说是自己搞错了，那瓶清洗剂还在那儿呢。于是，奇迹再次发生，"病人"们很快就又恢复了常态，刚刚的不适和呕吐症状统统消失了。

例二：

很多年前，美国心理学家谢里夫让大学生评价两段作品，告诉他们说，第一段作品是英国大文豪狄更斯写的，第二段作品是一个普通作家写的。其实这两段都是狄更斯的作品。结果大学生们对两段作品作了悬殊的评价：第一段作品获得了慷慨的赞扬，第二段作品却受到了苛刻的挑剔。

例三：

教授在课堂上，取出一个装得满满的香水瓶对学生们说："这是一瓶进口香水，看谁能最先辨别出这是什么香味。"然后将瓶盖打开。过了不久，许多学生相继举起手，有的说是茉莉香味，有的说是玫瑰香味，有的说是玉兰香味……当得知这只是一瓶清水时，大家不禁哄堂大笑。

例四：

第二次世界大战期间，一位盟军士兵被德国纳粹逮捕，敌人在暗室里用刀划伤了被蒙上双眼、捆住四肢的战俘的手臂，说要让他血流尽而亡。接着他就听到"滴答滴答"的声音，听起来好像鲜血一滴一滴从伤口上流下来。不久，这位盟军士兵就因心理极度恐慌而死。其实，那"滴答滴答"的声音只不过是敌人打开自来水管造成的滴水的声音，而他手臂上的伤口根本不足以造成死亡。

这让我们感叹：人是多么奇妙啊！居然我们自己的判断力也有背叛自己感官的时候，而且我们自己还浑然不觉！是呀，一个普通作家的作品怎能与大文豪狄更斯的作品相比？思维定势被诱导后，狄更斯的两段作品得到了截然不同的评价；既然老师说了瓶子里装的是香水，要求我们辨别出是什么香味？那只需努力辨别香水的香型就是了，这种诱导下的思维定势使学生好像真的闻到了各种香味。同样地，望梅止渴、杯弓蛇影、安慰剂效应、罗森塔尔效应等，它们的作用原理都是心理暗示。

暗示作为一种特殊的心理意识，是用含蓄、间接的方式对人们的心理和行为产生影响的过程，"是人类最简化、最典型的条件反射"（巴甫洛夫语）。

暗示效应如能恰当地加以运用，则会成为教育者育人的魔棒。一般说来，儿童比成人更容易接受暗示。

有的家长在观察日记中写道："今天我们的孩子放学回家，显得特别高兴，没进屋就对我们说：'妈妈，妈妈，我有一样好东西，你猜是什么？'我怎么也猜不到，他说：'是老师送给我的生日礼物——一个小小的动物卷笔刀。'他激动地说：'我们老师真好，连我的生日也记得很牢，她送我礼物，希望我爱护学习用品，好好学习，把学习用品保管好。'我这孩子，过去有一个很坏的习惯，对什么东西都不爱惜，对什么东西都无所谓。可对这一学习用品，他一反常态，十分小心地放在钢琴上，对邻居的姐姐说：'只准看，不许动。'"（刊载于《天津教育》）

可见，老师把教育的期望，对孩子的爱心，通过某种物化的暗示形式传递给孩子，能发挥强有力的激励作用，使之终身难忘。

在学校教育中，暗示效应以其独特的含蓄性和启发性、直接性和迅速性、非理性和情境性、渗透性和持久性、愉悦性和易接受性，对教育教学产生影响。每一个教育工作者都应该认真研究暗示效应的积极作用。有教师曾对怯于参加学生社团、同学书友会等活动的学生说过这样一句话，"元宵节的城隍庙可谓是灯如海、人如潮，看上去没有落脚的地方，但是你只要走进去，就会有你的位置"，这句话使不少学生鼓起勇气参与各项集体活动。

在家庭教育中，家长可以采取暗示的方法表达自己的意见，使孩子悟出应该怎样做，不应该怎样做，从而淡化用语言说教的痕迹，达到教育子女的目的。家庭中暗示教育的方式可以是言语暗示、动作暗示、眼神暗示、表情暗示、环境暗示、形象暗示等。

就像魔术师的魔法语言一样，积极的暗示效应能够传递给学生魔力般的鼓舞和激励。

# 人际互动效应
## ——互惠原理

> 我为人人，人人为我。
>
> ——（法国）大仲马

心理学上把人际交往中通过相互作用而互相影响的心理现象称为"人际互动效应"。《诗经》中"投我以木瓜，报之以琼琚。匪报也，永以为好也"，古语云"来而不往非礼也"等，说的都是人际互动的效应。

在人际交往中，人们总是根据对方的态度和行为而采取相应的态度和行为。这种社会人际互动交换，更多地体现在心理因素上，如情感和行为的交换。研究表明：由一方发出的同意、合作、友好、帮助、支持、同情、尊敬、信任、赞扬等态度和行为，往往会导致另一方的信任、接受、协助、帮助、友善、温和等态度和行为。

林达是一位天资聪颖的设计师。从小到大，他一直是优秀的、高傲的。命运也很眷顾他，现在，他创办的公司已力挫群雄，成为业界中的佼佼者。他已习惯一切以自我为中心，以公司的利益为中心，从不把别人放在眼里。

他成功踏入上流社会，孩提时的梦想终于实现了。在公司里，他君临天下、唯我独尊；在生意场上，他春风得意、踌躇满志；在举办的社交 party 上，他高朋满座。但是，他的身边却少见儿时的玩伴，少见真正的知己朋友，在应酬和忙碌之后的宁静夜晚，他常常孤独空虚得心里发慌，他变得越来越郁闷。

终于，林达去看心理医生了。医生在听完他的叙述后，又简单与他聊了几句，了解了他的其他情况，然后给他开了处方："每天去帮助一个身旁的人。"并嘱他两周后来复诊。林达犹疑地拿着处方回了家。

两周后，他来到心理医生面前，这时，脸上已不再有抑郁的愁云，而是多了愉悦的笑容。他高兴地告诉医生："感觉太奇妙了！当我改变自己平时的一贯作风，尝试着去花费些时间与精力，去为别人做些事情后，居然赢得了很多友情，得到一种很充实的快乐感，太好了！"

与"每天去帮助一个身旁的人"相反，人际交往中由一方发出的攻击、惩罚、反对、怀疑等态度和行为，则往往会导致另一方的敌对、反抗、报复、拒绝等态度和行为。

法国北部诺曼底的一个小镇，有位面包师经常到隔壁农场去买牛油，顺便卖些面包。面包师发现每次购买 1500 克重的牛油块，都会缺斤短两，而且这种情况一再延续。终于，忍无可忍之下，他将农场主告上法庭。

法官问农场主："你卖牛油给面包师的时候可曾用秤称过吗？"

"我每次都用天平秤称过的。"

"你用于称重量的砝码标准吗？"

"法官大人，跟您据实禀报，根本不需要砝码！"

"那怎么可能？"

"是这样的，每当面包师赏光到我农场来买牛油，我就买些他制作的面包。而且就用他标明的 1500 克面包当做砝码，称出等重的牛油回卖给他。如果有缺斤短两，这不是我的错，是他的错"，农场主狡黠地微笑着回答。

面包师惭愧地低下了头。

互动是人际关系的基本模式，人际互动效应对于教育工作有着很多启示。

在班级中，有时会有个别非常优秀的同学不受大家的欢迎，很孤独。玲玲是独生子女，在爷爷奶奶、外公外婆和父母悉心照料的"四二一模式"下长大，她从来没有替他人考虑的经历，更不用说帮助别人。刚入学时，有同学问她学习上的问题，她拒绝了："我花费宝贵的时间告诉你，我凭什么？"时间长了，她在班级中越来越孤立。就算每次考试获得第一名，她也会因感受不到同学们的友善，在心中泛起强烈的孤独感和丝丝的酸楚，并不快乐。面对这样的孩子，老师和家长应该劝导他（她）：人心与人心之间，像高山与高山之间一样，你对对方的心灵大声呼喊"我尊重你"，那么对方心灵高山的回音是"我尊重你"；你用行动喊出"我理解你"，对方的回音也将是"我理解你"。应该引导他（她）试着去关心同学，多多帮助同学，也许感受和处境就会大有不同。

中共中央发布的《关于培育和践行社会主义核心价值观的意见》要求："开展涵养社会主义核心价值观的实践活动。""形成我为人人、人人为我的社会风气。"其实，孔夫子说"己所不欲，勿施于人"，"己欲立而立人，己欲达而达人"，耶稣说"无论何事，你们愿意人怎样待你们，你们也要怎样待人"，与我们今天讲的"我为人人、人人为我"，道理是相通的。

送人玫瑰，手有余香。只有给予，才能获得。"把有限的生命，投入到无限的为人民服务之中去"是我们要教给孩子的崇高精神目标；"互相关心、互相帮助"是我们告诉孩子的人际互动的底线。

# 标签效应
## ——给孩子贴上一枚好标签

> 教育者的关注和爱护在学生的心灵上会留下不可磨灭的印象。
>
> ——（苏联）苏霍姆林斯基

第二次世界大战期间，随着战争时间的延长和战场的延伸，协约国需要不断向前方增派兵力。由于兵力的不足，美国政府决定在监狱里选择一些身强力壮的在押犯人，把他们组织起来，进行短暂的军事训练后，作为新兵送往前线去战斗。出于多种因素考虑，美国政府还派了几位心理学专家随犯人们同赴前线。

这些"新兵"纪律散漫，不听指挥，难以形成战斗力。于是心理学专家和他们谈话，要求他们每周给自己最亲的人写一封信。信的内容由心理学专家统一拟定，大体内容是告诉他们的亲人，他们在前线如何听从指挥官命令，勇敢杀敌，创立了大小不等的战功。要他们把信照抄一遍就行了。他们很高兴，一一照做了。

这样持续了半年，奇迹悄然发生：这些士兵不知不觉地变了样，在战场上的表现比起久经沙场的军队士兵来毫不逊色，真的像他们信中所说的那样服从指挥，那样勇敢拼搏，杀敌立功。

一个人被别人下某种结论，就像被贴上了某种标签，主观上就会做出自我印象管理，努力使自己的行为与所贴的标签内容相一致。由于这种现象是贴上"标签"后引起的，所以被称为"标签效应"。

心理学认为，人的行为表现之所以会出现标签效应，主要是因为标签具有定性导向的作用，无论是好的还是坏的，它对一个人的"个性意识的自我认同"

都有强烈的影响作用。给一个人贴标签的结果，往往是使其向标签所喻示的方向发展。

孩子的很多行为是天性使然，无所谓好坏，例如顽皮、好动，甚至有些出格的举动。即使有一些不良行为，往往也是对影视、纸媒勾画的人物的简单模仿，是一种无意识行为。所以，不要动不动就给孩子的行为贴上坏的标签，人为划分"好孩子""坏孩子"，那样，很容易使孩子自觉不自觉地趋同于划定的类别，妨碍他们的自然健康成长。孩子的情感态度都是直接的，你给他们贴上什么标签，他们就会做出与标签一样的事情来：你说他是个勤劳的孩子，他就是个勤劳的孩子；你说他是个乖孩子，他就会表现出听话的样子；你说他是个调皮鬼，他就会捣蛋、做出一些让人生气的事情来。

孩子到了读书的年龄后，最容易受到"以成绩取人"的荼毒。读书之后，学习成绩及排名往往给孩子贴上了"好"与"不好"、"行"与"不行"的标签，这种以分取人的贴标签方式，严重地违背了最基本的教育规律和学生成长的心理规律，让学生幼小的心灵早早地就烙下了分数和名次的阴影。被贴上"脑子笨""不是读书的料"的标签的学生有时也不会轻易接受这种评定，但由于这种标签往往在小学生初始阶段业已贴上，并在以后的学段中得到固化，使得学生在后来的学习生涯中要改变这种标签的话十分困难。同时，教师、家长的失望情绪及班内学生的否定态度，会进一步强化其自卑心理，使这些学生对自己的能力产生怀疑，认为自己天生不是读书的料而放弃追求成功的努力。最后坏标签的预言就会成为事实。

而且，在社会活动中往往"物以类聚、人以群分"，如果你给孩子贴上坏的标签，他就会把自己归到表现不好的学生那一类，经常和那些孩子待在一起，这又会加重孩子的不良倾向。

也许有的老师会说，给孩子贴上不好的标签，只是"激将法"，是想让他变得好一点而已。这是一种错误的观点。因为孩子年龄尚小，心智成熟有限，对老师的说法易于认同，也很难产生"你说我不行，我偏表现好给你看"的想法。

所以老师对有缺点的孩子，千万不能动辄贴上坏的标签。相反，老师应该及时给孩子贴上正面标签、发展标签、阳光标签、好标签！哪怕是让人伤透脑筋的孩子也不要放弃。找准一个闪光点，把这个亮点放大，他们就会向着你期望的目标一步一步靠近。要从各方面去观察，用放大镜尽力找出孩子的闪光点，时刻看到他们的进步，用好标签去鼓励他们发扬优点。那么，"捣蛋"的孩子可能会变成"乖"孩子，"笨孩子"就有可能悄悄地变成"聪明孩子"，从而收到意想不到的教育效果。

# 登门槛效应
## ——分解教育目标

要循序渐进！我走过的道路，就是一条循序渐进的道路。

——（中国）华罗庚

在一个风雨交加的天气里，饥寒交迫的流浪汉到一个富裕人家门口，对看门的仆人说："你让我进去吧，我只需要在你们的火炉旁烤干衣服！"仆人认为这点要求不算过分，就让他进去了。烤完衣服后，这个可怜人请求借用一下锅，以便让他"煮点石头汤喝"。"石头汤？"厨娘很惊讶，"我倒是想看你怎样把石头做成汤。"于是她答应了。流浪汉从院子里捡了块石头，洗净后放进锅里煮上，这时他又对厨娘说："可是，我总得放点盐吧？"厨娘又给他一些盐……后来又给些剥弃的菜叶，直至一些碎肉末。后来，这个可怜的流浪汉把石头捞出来，然后美美地喝了一锅热的菜叶肉末汤。（《伊索寓言》）

为什么仆人和厨娘都没有能拒绝这位流浪汉的一再要求呢？这就是心理学上的"登门槛效应"（亦称"层递效应"）在起作用：当个体先接受了一个小的要求后，他很可能会接受一项大一些的、原先可能会不同意的要求，这就像让别人登上门槛就不太会拒绝他迈入室内一样。登门槛效应是美国社会心理学家弗里德曼与弗雷瑟于1966年做"无压力的屈从——登门槛技术"的现场实验时提出的。

许多研究也证明了登门槛效应的存在：

心理学家普利纳和她的助手研究发现，如果直接提出捐善款的要求，多伦多城郊居民愿意为癌症学会捐款的比例为 46%。而如果分两步，前一天先请人们在志愿的前提下佩戴一个癌症学会宣传纪念章，几乎每位参与者都会愿意佩戴，第二天再请他们捐款，愿意捐款的人数几乎增加了一倍；社会心理学家弗里德曼和他的助手弗雷泽让两位大学生访问郊区的一些家庭主妇，请求将一个小标签贴在窗户上或在一个关于安全驾驶的请愿书上签名，这是一个小的、无害的要求。一周后，再次访问这些家庭主妇，请求在今后的两周时间内，在她们院子的空地或草坪上竖立一个呼吁"安全驾驶"的大招牌，这是一个大要求，结果答应了第一项请求的人中有 55% 接受了这项要求。而如果是直接请求在居民院内竖立一个呼吁"安全驾驶"的大招牌，受访的家庭主妇中只有 17% 的人能答应。

心理学家对上述现象的解释是：人们都希望在与他人交往时保持一致的形象。只要开始时表现出助人、合作的言行，那么即使别人后来的要求有些过分，人们也会接受。由此演绎出，如将一个大的要求（目标）分解为若干个较小的或不同梯次的要求（目标），循序渐进，人们就比较容易接受。因此利用登门槛效应是一种有效的态度或行为改变的方法。

有经验的教师与家长在向孩子提出成长要求时，总是先让孩子承诺完成一项比较容易的指标，待到这项指标完成后，再提出稍高一些的要求……逐步引导孩子迈向更高的目标。这正是利用了心理学中的登门槛效应。

在批评孩子时，我们也需要运用登门槛效应，对于那些所谓的"后进生""问题孩子"，不能要求他们一下子有很大的改变，不能给他们定太高的目标，而是采用目标分解法和遵循循序渐进原则，为他们设计一些稍作努力就可以达到的目标，通过一系列细小目标的实现，最后达到较大的成效。这样，我们的教育目标才能最终实现。否则，他们会因目标的"高不可及"而失去兴趣，甚至对教师、家长形成心理抵触，对给他的目标无动于衷，使已获得的教育成果付之东流。

# 关爱效应
## ——给自己带来阳光

> 利己的人最先灭亡。他自己活着，并且为自己而生活，如果他的这个"我"被损坏了，那他就无法生存了。
>
> ——（苏联）奥斯特洛夫斯基

1935年，纽约贫穷脏乱区域的一个法庭上正在审理一桩偷窃案，被控嫌犯的罪名是偷窃面包，时任纽约市长的瑞尕蒂亚在一侧认真地旁听。在讯问到嫌犯是否愿意认罪时，受审的老妇人小声回答："我那几个饿着肚子的孙子已经两天没有吃到任何东西了，我真的需要面包来喂养他们……"

审判长回应道："法律就是法律，法官必须秉公依法办事。现在，你可以做出选择：或是10美元的罚款，或是10天的拘役。"

"10美元的罚款应该罚我"，瑞尕蒂亚市长从席间站起身来，走过去往法庭罚款箱里面放进10美元，然后面向旁听席上的其他人大声说："现在，请为我们的冷漠付费，请每个人都交出50美分的罚金，以处罚我们竟让一位老祖母靠偷东西来喂养孙儿的事发生在我们所在的城市里的过失。"无人能够想象得出那一刻人们的心灵所受到的触动，每个人都在肃穆的气氛中悄无声息地捐出了50美分。

冷漠是十分可怕的，冷漠可以让那些亟需得到帮助的人处于孤立无援的悲惨境地，冷漠还会造成悲剧发生；冷漠既可以让人丧失人类最可贵的同情心与爱心，还可能丢掉自己的生命。下面一则故事就是证明：

一位教授与他的三位博士生去考古，探寻湮没在莽莽原始森林中的古代印加文明一个分支的遗踪。临时聘来的向导是一个身手矫健、但没有文化的印第安土著，要求他除了带路，还兼做马夫、挑夫，每天可得30新索尔元（秘鲁货币）工钱，考古任务结束后一次结清所有费用。

三周之后，大家的体能都在风餐露宿中严重下降。对专业的热爱给了教授和学生极大的精神支撑，但他们对身边的人却关爱得不够。时间一天天过去了，教授与他的得意门生们依然热衷于讨论学术问题，依然将偶尔收集到的古印加人的遗存物件交给向导。马不堪重负了，就转而往向导的担子里摆放，向导的负担越来越重，他开始有了怨言。这天向导实在是筋疲力尽了，他喘着粗气对博士们说："我累得实在是走不动了，请你们帮我分挑一些吧。"

博士生丹迪冷冷地对向导说："你是我们花钱雇的向导和挑夫，挑担子是你的活儿，对不对？""我们要观察和研究，也很累的"，杰克瞪了向导一眼。教授更不屑于与自己身份不符的仆役说话。

向导一气之下将一担珍贵的考古实物样本往地上一放，连工钱也不要就独自踏上了返程。

在茫茫原始森林里失去了向导无疑等于自杀，师生几位终日在安第斯山脉的森林里兜圈子，寻找着通往文明世界的路径……

多年后，那位向导牵着几匹马为一支科考队送给养，归途穿过一片原始森林，偶然在一棵大树旁发现了一担考古实物样本。于是他想起了教授和几位博士生，终于在离标本不远的丛林里发现了四具尸骨、一匹马的骨架，还有一驮古印加国的遗存物品。向导埋葬了尸骨，将考古实物样本等用马匹驮出了原始森林，辗转送到一家考古研究所。研究所给的酬金百倍于他当年所没拿到的佣金。

关爱生命，关爱他人的生命，这是所有文明社会的文明人所必备的品质。教授和博士生们如果当时能够多给向导一些关爱，为向导哪怕分担一点点的负担，也不会有如此可悲的下场。他们拥有渊博的知识，但他们所缺乏的正是人类最需要的同情心与爱心。因为自私和冷漠，他们丢掉了宝贵的生命。

关爱友善是一种美德，更是一种境界。在历史上，无私地关爱他人的故事不胜枚举。

孙叔敖是春秋时代楚国人。他小的时候，一天到外面玩耍，看见了一条有两个头的蛇，就把它打死并且严严实实地埋了，然后边哭边跑回家。母亲问他为什么哭？孙叔敖边哭边回答："我刚才遇见了一条两个头的蛇，听别人说过，见了两头蛇的人会死掉的，以后要见不到母亲了。""蛇现在在哪里？"母亲问，孙叔敖答："我害怕别人也会见到它然后死掉，所以已经把蛇杀了并埋了。"母亲抚摸了一下他的头，微笑着说："关爱他人、积善积德的人，上天会给他福气的，你不会死的。"

孙叔敖长大后被提拔为楚国的国相，他还没有开始治国，楚国百姓就认定他是一个仁义善良的好国相。

上述故事都告诉我们：对人关爱友善，对待人生和社会关爱友善，不仅会给别人更多阳光，也会给自己带来阳光；乐于分担别人的担子，帮助别人走出困境，愿意设身处地为别人着想的人，其实就是在帮助自己走向成功。我们要教育孩子爱班级、爱同学、爱老师、爱学校、爱人生，要乐于助人。

# 淬火效应

## ——热问题，冷处理

> 凡人想建造一所房屋，绝不能操之过急，应该停下手来，从心中伸展出一把尺子，推敲测度，才能达到目的。
>
> ——（英国）乔叟

苏姗在做一家人的晚餐，5岁的儿子杰克吵闹着要吃奶油蛋糕，苏姗说："我们很快就可以吃晚饭了。要不你先喝半杯牛奶，吃两块小饼干吧。"说着倒了一点牛奶，拿了两块小饼干给杰克。"我不要喝牛奶，我要你去帮我买奶油蛋糕！"杰克大嚷，并挥手把桌上的牛奶杯推落到地上。苏姗转过身，双眼直视杰克足足有一分多钟，然后用手指着卫生间，严厉地说："你把牛奶翻洒到地上了，到隔离室去！"杰克哭着走进卫生间。苏姗拿出一个计时器，调到15分钟，放在卫生间外面，然后转身到厨房里继续做晚饭。15分钟后，计时器响了，杰克从卫生间走出来。他不再哭了，回到客厅，从桌上拿起两块饼干，乖乖地坐着看电视了。

孩子故意把牛奶杯推倒在地上，无论哪个家长都会很恼火。与其给孩子一巴掌，或者高声叱责，不如控制住自己的冲动，像苏姗一样用"计时隔离"进行冷处理。

课前，两个男同学突然发生争执，继而动手扭打起来。上课的铃响了，虽然他们通过教室内瞬间安静下来意识到老师来了，但两人谁也不愿意先松手。

老师静静地看了他们几秒钟，用平静的口气说："都松手，回到各自的座位坐下，下课再说！"老师像什么事也没发生过一样开始讲课，这节课的课堂秩序出奇得好。下课了，"你们两个先把下午的课上完，放学后到我办公室来"，老师转身走了。

两人忐忑不安地挨过下午剩余的两节课，来到八年级的教师办公室。老师示意他们坐下。"各自想一想，看自己有哪些不对的地方。"然后平静地批起作业来。

半小时过去了，老师觉得冷却的时间已经够了，这才开口："怎么？为了鸡毛蒜皮点小事，竟然动手，是不是……"没等老师把话说完，经过一下午的冷却，情绪已经平静下来的两人争先恐后向对方道歉，向老师承认错误，并保证今后再也不打架了。

以上案例中，老师采用"冷处理"的方法来解决"热问题"。

在锻造金属零件时，常常会把零件加热到一定温度后，再按需要浸入到各类冷却剂中进行冷却处理，这样零件的性能会更好。这个道理在运用到生活中后，被心理学家称为"淬火效应"。

冶炼工业中，对金属工件进行淬火处理是为了提高零件的质量；在教育中，对某些违纪违规的学生采用"冷处理"是为了让学生在自我反思中改正错误。对于班级的一些麻烦事或者已经激化的矛盾，采用这种"冷处理"方式，暂时放一段时间不处理，等思考更周全后再处理，其效果往往会更好。

"冷处理"的作用主要有：

冷一下再处理，有利于了解事情的是非曲直。当学生情绪失控时，往往会强词夺理，片面、极端地看待或论述问题，言语中都是别人的错。而一旦冷静下来了，学生就会比较理智地接受教师的调查、询问，这时的反映往往比较接近真实的实际情况，使事件本身得到合理解决。

冷一下再处理，有利于当事人接受批评教育。当学生理智失控时，教师对他进行批评教育往往会使他产生对立的情绪。因此，在这样的情况下，给学生冷静下来与反思自省的时间，有利于学生认识错误，有助于问题的解决。

冷一下再处理，有利于教师制定最佳处理方案。许多不虞事件都是突然发生的，急于处理会"欲速则不达"，出现考虑不周或方法不当等情况，甚至会产生事件处理有瑕疵，使教师也处于被动的局面。

值得注意的是，"冷处理"是一种非常规的教育方法和手段，不可生搬硬套。在实际运用中，教育要因人、因事而异，要注意把握好尺度，注意与其他教育方法一起灵活运用。

# 过度理由效应

## ——孩子们静悄悄地离开了

激励是一种策略，更是一种艺术。

——（美国）德西

在一个美丽幽静的乡村边缘，坐落着一处独立的小屋，屋前小溪流水潺潺，屋后小树林鸟儿啾啾鸣啼，有位老人日出而起、日落而息，过着安静的独居生活。不知道从哪一天开始，住在附近的十几个孩子欢喜上了这块地方，整天在那里互相追逐打闹玩耍，吵得老人无法好好休息。老人不时地出来阻止，却根本不管用。

一天，老人把孩子们都叫到一起，然后拿出一些零钱，并告诉他们，谁在玩耍中叫的声音最大，谁得到的报酬就越多。于是，十多个孩子就在那里拼命地叫着。而老人也根据孩子们每次喊叫的情况，给予他们不同的奖励。

这种情况持续三周之后，老人开始逐渐减少奖励，习惯了吵闹之后领取奖励的孩子中立刻有几人提出反对，他们觉得不应该减少自己的奖励。但无论他们怎么说，老人始终不妥协。孩子们没有办法，觉得奖励虽然少点，可也总比没有奖励要强多了。又过了一周左右，老人开始停止向他们支付奖励。而且无论孩子们怎么吵，老人一分钱也不再给了。

于是，孩子们一致认为自己受到了不公平的待遇，觉得这实在是太可气了。"不给钱了谁还给你叫，那样不是明摆着自己吃亏吗？！"从此之后，孩子们再也不到老人所住的房子附近大声吵闹了，即便有时候路过老人住的地方，也全都静悄悄地离开了，他们认为，就应该这样"报复"老人对自己的不公正。

上述故事中的老人所利用的，就是社会心理学上所说的"过度理由效应"。老人提供了一个对孩子们有足够吸引力的理由，把这些孩子引进了一个心理学上的误区，使他们用外在理由（得到报酬）来解释自己的行为（吵闹），那么，一旦外在理由不再存在（没有报酬了），这种行为也将趋于终止。

过度理由效应是由一位名叫德西的心理学家提出的，亦称"德西效应"。1971年，德西和他的助手使用实验方法，很好地证明了过度理由效应的存在。他以学生为实验对象，请他们分别单独解决诱人的测量智力的问题。

这一实验分三个阶段：第一阶段，每位实验参与者自己解题，不给奖励；第二阶段，将实验参与者分为实验组和控制组两组，实验组每解决一个问题就得到1美元的报酬，而控制组没有任何物质报酬；第三阶段，自由休息时间，所有实验参与者可以自由活动。目的是考察实验对象者是否维持对解题的兴趣。

最终结果显示：第一、二阶段，每位实验参与者都很投入地参加解题；第三阶段时，没有任何物质报酬的控制组出于兴趣，休息时仍继续解题。而奖励组虽然在有报酬时解题十分努力，但在不能获得报酬的休息时间，对解题的兴趣出现明显下降。

实验说明：进行一项愉快的活动（即具内感报酬），如果提供外部的物质奖励（即外加报酬），反而会减少这项活动对参与者的吸引力。心理学家马克·兰博等人从1973年、1976年的实验中，也得出了类似的结论。由此，心理学认为，行为如果只用外在理由来解释，那么，一旦外在理由不再存在，这种行为也将趋于终止，因此如果我们希望某种行为得以保持，就不要给它足够的外部理由。简单地说，外在动机，例如金钱或物质奖励，会降低一个人工作表现的内部动机。

过度理由效应给学校及家庭教育的启示是：物质奖励并非是万能的，精神鼓励在促进儿童正确行为的塑造上显得略胜一筹，因此一定要处理好内感报酬与外加报酬的关系，也就是处理好兴趣培养、精神鼓励与物质鼓励的关系，如：

表扬和鼓励要恰如其分。孩子的自我评价是从周围人的评价中慢慢形成的，家长对孩子言过其实的表扬，会使孩子形成不切实际的自我认识；

要偏重于理想教育和精神鼓励，不能用物质刺激代替一切。偏重于用物质刺激学生，会使学生没有正确的学习目的，无法形成学习方向和目标，降低学习动机水平，影响人格的正常发展，影响正确的价值观、理想和信念的形成；

要注重使学生对学习产生浓厚兴趣。教育中要遵循青少年学生的发展规律、心理特点和认知水平，潜心锤炼教学艺术，讲究教学形式、教学方法、教学手段的生动活泼，着力调动学生的主体能动性，努力提高学生的学习兴趣。

通过以上种种，来避免产生过度理由效应，以使学生的学习动机得到正确的激发。

# 环境效应
## ——染于苍则苍

每个新生婴儿，只要没有先天的疾病障碍，就都具有像莎士比亚、莫扎特、爱迪生、爱因斯坦那样的潜能。聪明和愚笨都是环境的产物。

——（美国）葛兰·道门

在美人鱼的故乡丹麦，有一个叫奥塞登的小镇，安徒生在这里度过了他的孩提时代。尽管这里是个富人区，但安徒生的小时候，家境十分贫寒，父亲只是个穷鞋匠，母亲是个洗衣妇，祖母有时还要去乞讨来补贴生活。他们的周围住着很多地主和贵族，因为富有，这些人便觉得自己高人一等，他们讨厌穷人，不允许自己家的孩子与安徒生一块儿玩耍。安徒生的童年孤独而寂寞。

父亲担心这样的环境会对安徒生的成长不利，但是他从来没在孩子面前流露出自己的这种焦虑，而是在修鞋赚钱之余，神态轻松地跟安徒生说："孩子，爸爸来陪你玩吧！"父亲陪儿子做各种游戏，闲暇时还讲《一千零一夜》等故事给他听。

虽然童年没有玩伴，但有了父亲的陪伴，安徒生的内心世界依旧充满了阳光和快乐。

"染于苍则苍，染于黄则黄。"除了家庭环境会对孩子产生潜移默化的影响以外，周围的环境也会影响到孩子的成长，因此父母要留意孩子身边都是些什么样的人。"孟母三迁"就讲述了中国古代著名思想家、教育家孟轲小时候，母亲为了给他选择一个良好的学习环境，三次搬家，择邻而居的故事。

有人做过一个研究实验：

孤儿院里的一对双胞胎从小就被分开，一个由大城市的教授夫妇收养，一个由边远草原的牧场人家领养。两个孩子的遗传基因基本相同，但由于生活的环境不同，这两个孩子长大后虽然相貌依旧相似，个性发展却完全不同。留在城市的孩子喜欢读书，智力发展较好较快，语言能力很强，但略显文弱；在草原牧场长大的孩子，体格健壮且灵巧，会骑马射野兔，性格很开朗，但不喜欢读书。

这就是环境影响的结果。

给孩子营造一个良好的环境，可以从以下几个方面考虑：

在有条件的情况下，选择一个好的社区环境。孩子的自制力不强，模仿力却很强，很容易受到周围环境的影响，所在区域的生活习惯和风气，都会潜移默化地影响到孩子的成长和发展。因此，家长要尽量选择一个良好的社区环境，以发挥环境对孩子正面的积极的影响作用。需要指出的是，好的社区环境并不等于昂贵的、高档的房地产。只要是民风淳朴、遵纪守法讲公德、开放包容友善、待人处事文明礼貌的，就是好的社区环境。

在不能选择一个好的社区环境的情况下，要引导孩子适应环境、融入环境，但不失去自我。社区环境、邻居、同学的层次素养，有时并不因我们的主观意志而转变。如果每天生活于自我的小圈子中，时间长了，会自负自许，清高不群。一个生活在基本封闭的世界里的人，往往是社会中不受欢迎的人，也是不被支持的人；他会四处碰壁，不能开心地生活和工作，走向成功也就变得格外吃力。一个人处在不佳的环境中时，既需要有原则地"同流而不合污""出污泥而不染"，也依旧需要与别人和睦相处，相互合作，互相帮助。

在一般正常环境情况下，要留意孩子所交往的同学、朋友。孩子迟早要走上社会，迟早要与人交往，父母要尽量鼓励孩子与有"营养"的伙伴交往。同时要相信，绝大多数的同学朋友伙伴都是"益友"，都可以跟孩子一起成长与进步。但是，由于孩子辨别是非的能力不强，所以一般不要同意孩子与校外社会上的、不明身份底细的、明显带有不良习气的青少年交朋友，一旦发现孩子交友不慎不当，一定要及时纠正。父母要给孩子制定警戒红线，远离"损友"，如果情况严重，父母可以和老师沟通协商，共同想办法解决。

在不得已的情况下，也可以像安徒生的父亲那样，尽己所能地给孩子一些关怀与支持，降低"环境效应"的负面影响。

# 禁果效应

## ——好奇心是探究、求知的动力

> 如果没有好奇心和纯粹的求知欲为动力，就不可能产生那些对人类和社会具有巨大价值的发明创造。
>
> ——（美）陆登庭

马铃薯原本生长在美洲，有人想引种到法国，就是不能如愿以偿。因为在法国，牧师们称它为"魔鬼苹果"，医生认为它有害于身体，一些农学家则认为它会枯竭土地，所以在法国没有人愿意种植它。著名的法国农学家巴蒙蒂埃在德国做俘虏时曾吃过马铃薯，被释放归国时将它带到法国来，他在很长一段时间里百般宣传，但是，无论怎么引导，农民们就是不愿意种植马铃薯。最后，他想了一个绝妙的主意。1787年，他受国王的特准，在一块疏松贫瘠的土地上种马铃薯，并由一支身着华丽军礼服、全副武装的国王卫队日夜看守。"十分重要"的、"神秘"的马铃薯迅速引发了农民们的好奇心。等到马铃薯成熟的时候，看守卫队白天继续守卫，夜晚则常常撤走。于是受到好奇心引诱的、一直在四周环伺窥视的农民们开始在晚上偷偷地把"禁采"的马铃薯根茎挖出，引种到自己的菜园里。而这正是巴蒙蒂埃所企求的。

人类似乎都有这种奇怪的心理：越是得不到的东西，就越想得到；越是不让知道的事情，就越想知道。土豆在法国的引种推广成功正是巧用了这种心理。这种逆反的心理现象在心理学上叫做"禁果效应"（"禁果"的说法源于《圣经》里的传说：伊甸园中的夏娃被禁止摘食知善恶树上的禁果，然而她却最终在蛇的诱惑下偷食了禁果，受到了上帝的惩罚）。

"禁果格外甜"（俄罗斯谚语）。为什么会出现这种现象呢？根据弗洛伊德精神分析学说的观点，人的内心世界天生都有逆反心理，都有一种好奇心，这种好奇心也是探究、求知的动力。无法知晓的"神秘"事物比能接触到的事物对人们有更大的诱惑力，也更能促进和强化人们渴望接近和了解它的欲望。所以，如果对一件事情作不说明原因的简单禁止，会使这件事更具有吸引力，人们会将更多的注意力转移到这件事上，最终偷食"禁果"以满足心理平衡。

学生处于特殊的心理期和生理期，有更强烈的好奇心、逆反心理和求知欲望。在教育中，为了调动孩子的积极性，我们有时要巧妙利用禁果效应。

好东西"藏物于篋"不让人使用，藏于篋的好东西就被涂抹上一层既神秘而又具诱惑力的色彩，而人们则愈加想使用。宋朝大散文家苏洵的两个孩子苏轼和苏辙自小十分顽皮，在多次说服教育不见成效的情况下，苏洵决定改变教育方法。从此，每当孩子玩耍时，他就有意躲在角落里读书，孩子一来，便故意将书"藏"起来，苏轼和苏辙好生奇怪，以为父亲一定瞒着他们看什么好书。两人出于强烈的好奇心，趁父亲不在家时，把书"偷"出并认真地读起来，由此逐渐感觉到了读书的无穷乐趣，时间长了就切切实实养成读书的习惯，终成一代名家。再有，有一个孩子学习小提琴不太用心，妈妈每次都要罚她重拉几遍，她很逆反。聪明的爸爸就买回一把高级小提琴，放在自己的卧室里，不许孩子碰。告诉她：这把顶级提琴和你崇拜的某位小提琴大师用的小提琴是一个牌子一个档次的，看着女儿跃跃欲试的神态，爸爸做了一个规定：只有连续几次拉琴不出错时，才奖励她使用一次。惩罚变成了奖励，孩子练琴顿时用心起来，琴艺也由此不断提高。

利用禁果效应在教学中也可以收到意想不到的效果。一位老师上课伊始，在黑板上边抄写一道题目，边"故弄玄虚"地说："这道考题，明明只有三种解法，可是有人却说有五种以上的解题方法，你们相信吗？"抄完题目，老师回头一看，全班同学都静静地演算起来。过了一会儿，一半学生举起了手。"老师，我已经做出来了！"几名学生清晰地说出了算式和解题思路，在大家的相互补充之下，解题方法竟然达到了七种之多！老师故意装作甘拜下风的样子说："哇，你们真了不起，比老师还聪明，下面我们再来讨论哪套解题方法最简便……"这节课学生们兴趣盎然，学习的积极性特别高。

利用禁果效应还可以改善师生关系。班主任连续两次批评了一位学生后，这位学生认定是班主任对他有成见，从此师生关系紧张。他还怀疑班主任那本"从不离手"的工作手册里记录了他的种种"黑材料"。一天放学，轮到他做值日生，老师在巡视一圈后，故意将工作手册"忘"在讲台上。他好奇地偷偷翻看了一会儿，发现非但没有"黑材料"，老师竟然在手册里记下了自己的许多闪光点。这个学生大为感慨，此后不但消除了对班主任的误解，还在班级中积极配合班主任工作。

青少年处于发育期，好奇心强，逆反心理重，常会出现禁果效应。我们要运用科学教育的方法防止孩子产生逆反心理。理达则情通，学校出台一项"禁令"要把必要性摆到桌面上，把来龙去脉讲清楚，禁果效应才会降低强度，达到令行禁止的效果。同时，我们可以积极地利用禁果效应，把学生不喜欢而又有价值的事情人为地变成"禁果"，以增加它对学生的吸引力。

# 鸡尾酒会效应
## ——如何让孩子集中注意力

在觥筹交错、人声嘈杂的鸡尾酒会上，有音乐声、谈话声、脚步声、笑声、酒杯餐具的碰撞声等。极具魅力的女主人茜茜夫人时而专注于和某位重要人物谈话，时而与某位暂时被冷落在一边的人聊天，周旋于众多宾客朋友之间。即使周围噪声很大，但她耳中仍然能听得到对方的话语。尽管她的注意力集中在与别人的谈话上，对周围的嘈杂声音充耳不闻，但若在另一处有人提到她的名字，她会立即有所反应，或者朝说话人望去，或者开始注意聆听说话人接下去说的话。有时候，茜茜夫人的耳朵还能捕捉到某个熟人的声音，于是就知道他也来到酒会了。

在鸡尾酒会上，茜茜夫人的耳朵似乎能够过滤所有不想听到的声音！心理学上把这一现象称为"鸡尾酒会效应"。

很多孩子在课堂上不能专心听课，严重者还"连累"父母为此被老师找去"单独谈话"。可是无论你怎么批评、劝导，孩子依旧注意力不集中，上课时而走神，时而东看西瞅，一再分心。这几乎成为许多孩子成绩上不去的主要原因。

在家里也是一样。孩子春游前，父母叮嘱了一堆"注意事项"，可孩子没有几次能听清记全的，出去后总是依然故我；家长外出上班之前，关照孩子若干件要做的事，回来后发现都没有落实。当你责备孩子时，他又一脸无辜，脸上的表情仿佛在问"你真的和我说过吗？"

但与此同时，无论孩子正在做什么，只要感兴趣的电视节目一出现，他们的耳朵马上就能捕捉到，立刻会聚精会神地看起来，即使你中途招呼他，他也一点儿听不见。"要是听课这么认真该有多好，为什么一到正事上，就两样了？"不少父母都为此而发愁。

为了帮助父母破解这些现象的内在原因，我们需要认识鸡尾酒会效应这种心理现象。

鸡尾酒会效应这种心理现象揭示的是一种听觉注意现象。当人的听觉注意力集中于某一事物时，意识将一些无关声音刺激排除在外，而无意识却监察外界的刺激，一旦一些特殊的刺激与己有关，就能立即引起注意。

鸡尾酒会上，交谈双方的声音是彼此的注意对象，其他声音不过是一种背景。很多优秀的老师之所以能够很快抓住孩子的注意力，就是因为他们很好地激发了孩子的兴趣，成为孩子注意的对象。父母如果要提高孩子的倾听能力，一定要利用好这一心理效应，在讲述问题时，从谈话的一开始就吸引孩子的注意力，要使孩子把你作为注意对象。

鸡尾酒会上，之所以能听到别人轻轻地谈到自己的名字，是因为人对关系到自己的事特别敏感。心理学上有一个很有趣的"追随耳实验"，就是给实验者戴上耳机，让他的双耳同时听两种不同的内容，并让受试者大声说出耳朵听到的内容，听到内容的这只耳朵被称为"追随耳"，事后检查受试者另一个耳朵（非追随耳）听到了些什么。结果发现，受试者一般都没听清楚非追随耳的内容，甚至将原来使用的英文材料改用法文或德文呈现，或者将材料内容颠倒时，受试者也很少能够发现。这个实验说明，从追随耳进入的信息受到了注意，而从非追随耳进入的信息则没有受到注意。但更有趣的是，如果在非追随耳的内容中加入受试者的名字，受试者却能清楚地听到。人对关己之事特别敏感，孩子也一样，因此在课堂上，经常被老师提问的学生注意力相对会比较集中。如果父母在对孩子的谈话中，或在其他场合，能够多提提孩子的名字，孩子的倾听兴趣会相对浓厚些，听的效果也会好些。

鸡尾酒会上，熟人的声音之所以能被听到，是因为熟悉的信息激活了记忆中现有的相应模块。也就是说先前经验的丰富性影响了听话者的注意力。所以，家长和教师要提高孩子的倾听能力，就需要利用与学生本身有关、学生熟悉的生活与学习经验，因势利导。

试试吧，心理学的许多效应有时是很奇妙的。

# 坚持效应
## ——溶洞"生长"的秘密

我将沿着自己的路走下去，什么也无法阻止我对它的追求。

——（美国）德里克·博克

芦笛洞穴位于桂林市西北郊的光明山上，是桂林大自然仙境中的一颗璀璨明珠。洞内有大量奇幻多姿、玲珑剔透的石笋、石乳，从唐朝开始洞内就有游客踪迹，是中国最美旅游溶洞之一。

溶洞又称钟乳洞、石灰岩洞，指的是由雨水或地下水溶解侵蚀石灰岩层所形成的空洞，属典型的喀斯特岩溶地貌。它的形成是石灰岩地区地下水长期溶蚀的结果，石灰岩的主要成分是碳酸钙，当遇到溶有二氧化碳的水时，会反应生成溶解性较大的碳酸氢钙；溶有碳酸氢钙的水遇热或当压强突然变小时，溶解在水里的碳酸氢钙就会分解，重新生成碳酸钙沉积下来，同时放出二氧化碳。洞顶的水在慢慢向下渗漏时，水中的碳酸氢钙发生上述反应。

沉积钙化有的在洞顶，经日久天长形成钟乳石；有的在洞底，日积月累形成石笋。当钟乳石与石笋相连时就形成了石柱。经过百十万年甚至上千万年的沉积钙化，"仙境"形成了！溶洞内大量的石钟乳、石笋、石柱等自然景观姿态各异，或高大奇崛，或精怪玲珑，鬼斧神工，浑然天成，精妙绝伦。

人人都渴望成功，人人都想得到成功的秘诀。溶洞仙境"生长"的故事告诉我们，成功的秘诀往往在于日复一日的坚持。许多事情看起来很简单，但取得成功是不容易的。即使是最简单的事如果不能坚持下去，成功的大门也绝不会轻易地开启。成功的秘诀是：坚持，坚持，再坚持。

倘若认为用自然界千万年来的演化来论证"坚持效应"太过牵强，不足以说服大家，那就再看下面这个故事：

美国某园艺所曾在报纸上刊登了一则重金悬赏征寻"纯白金盏花"的启事，在当地一时引起轰动。高额的奖金让许多人趋之若鹜，但除了棕色的与金色的之外，白色的金盏花并没有被人培育成功。一段时间之后，这件事就被人们抛到九霄云外去了。20年后的一天，当年那家刊登启事的园艺所收到了一封热情的应征信和100粒"纯白金盏花"的种子。

寄种子的是一位年已古稀的老妇人。园艺家们对这些种子能否种出纯白金盏花将信将疑，抱着试试看的态度将这些种子种下了。令人难以置信的是，一年后，一大片纯白色的金盏花在微风中摇曳，不禁让人瞠目结舌。

原来，老人是位爱花人。当年她偶然看到那则启事后，便怦然心动。她的决定遭到了8个子女的一致反对。毕竟，一个连园艺师、专家都无法完成的事，让一个压根儿就不懂遗传学的体弱妇女去做，岂不是痴人说梦。老人还是痴心不改，她将普通的金盏花种子撒下，从开出的金盏花中挑选颜色最淡的，任其自然枯萎，以取得最好的种子。次年再从中选取颜色最淡的花的种子……日复一日，年复一年，老人的丈夫去世了，儿女远走了，生活中发生了很多事，但唯有种出白色金盏花的愿望在她的心中根深蒂固。

终于，在20年后的一天，她在那片园地中看到了一朵如银似雪的白色金盏花，不久还收获了100粒纯白金盏花的种子。

老人不是园艺家，但老人的这种坚持是一种积极的坚持，不断进取的坚持，而非"守株待兔"式的等候。坚持是一种信念，是一种不懈的追求，纯白金盏花的奇迹有它的偶然性，亦有它的必然性。

同理，今天家长和老师们在教育孩子时也不能急于求成，也要有积极的坚持，不断进取的坚持。要坚持相信孩子会获得成功，要坚持教育和帮助孩子成长，你的坚持，是孩子成长成功的阳光雨露。

# 思维定势效应

## ——偏见是这样产生的

苏联学者勃达列夫做过一个著名的实验：他向两组被试者出示同一人的同一张照片。他对第一组出示照片时说，这人是个屡教不改、十恶不赦的罪犯；对第二组介绍说这是一位大科学家。然后让两组被试者根据照片上的头像，用一段文字来勾画描述。

结果第一组的勾画描述是：深陷的双眼折射出内心的冷酷，突出的下巴印证着罪犯桀骜不驯和沿着犯罪道路顽抗到底的个性；第二组的形容是赞誉：深陷的双眼表明思想的深邃，突出的下巴代表着攀登科学高峰的坚强意志。

毫无疑问，这是在观察照片之前的介绍所导致的思维定势作用所致。对同一个人，仅仅因为先前得到的关于身份的提示不同，给出的描述竟然有如此大的戏剧性的差距！

一个新媒体工作室，请来了六位专业摄影师，策划人员分别向摄影师们描述了所拍摄对象的身份，分别是：企业家亿万富翁；海滩浴场救生员；刚刚假释出狱的囚犯；常年累月捕鱼的职业渔民；连通阴阳两界的灵媒；嗜酒如命的酒鬼。要求利用摄影棚的现有道具布景，亦可以对拍摄对象的衣着打扮稍作调整，以最大限度地拍摄出人物的形象特征为目的。

　　不久之后，有六张大幅肖像照在墙上展示出来。一张张栩栩如生的照片精准、生动、传神、艺术地展现出肖像照主人的身份：第一张是一个很大的面部特写，肖像主人眼神睿智，微微翘起的嘴角，显得踌躇满志，看上去就是一位成功人士，他是亿万富翁；第二幅肖像上是一张敦厚善良与自信的笑脸，但目光炯炯，给人温暖和安全感，他是救生员；第三张照片上，他只占了半个画面，坐在一张椅子上，目光深幽空洞令人捉摸不透，另一半画面是一张空椅子，他仿佛是在等待什么，整个画面给人一种令人隐隐不安的诡异感，这是一位据说能连通阴阳两界的灵媒；……；最后是一幅扭过头来的侧面照，锃亮的光头，大鼻子，目光中充满仇恨，牙关紧咬，身后是令人觉得沉重的大面积阴影，他是刚刚假释出狱的囚犯。

　　其实，六位摄影师拍摄的是同一个人。而且亿万富翁、救生员、渔民、酒鬼、灵媒、囚犯这六个身份都与这个人无关。同时他也不是演员，没有瞬间进入角色的能力。

　　可是，一旦他被赋予亿万富翁、救生员、渔民、灵媒、酒鬼和囚犯的身份之后，摄影师们居然拍出了六张人物性格、职业特征迥然不同的肖像！

　　这两个著名的、异曲同工的心理实验告诉我们，当一个人被假定为某种身份后，在先入为主的身份结论诱导下，其他人就真的可以从他的身上找出那个假定身份所具备的特征。许多偏见也就是这样产生的。

　　所谓思维定势，就是按照积累的思维活动经验教训和已有的思维规律，在反复使用中所形成的比较稳定的、定型化了的思维。心理学认为，在学习与思考的过程中，人的大脑皮层上两个无关的神经中枢之间会形成暂时的联系，产生知觉思维。当客观事物反复作用于大脑，就会在反射过程中逐步产生一种思维定势的倾向。

　　人们把由于某种思维定势所产生的效应称之为"定势效应"。"思维定势效应"具有双向效性，有积极的一面，也有消极的一面。

从积极的一面来看，思维定势是一种按常规处理问题的思维方式。它可以省去许多摸索、试探的步骤，缩短思考时间，提高效率。在日常生活中，思维定势可以帮助我们利用处理过类似的旧问题的知识和经验处理新问题，解决每天碰到的 90% 以上的问题。

但是思维定势也有消极的一面，因为当两次思维活动属于同类性质时，前次思维活动会对后次思维活动起正确的引导作用；当两次思维活动属于异类性质时，前次思维活动会对后次思维活动起错误的引导作用。因此，思维定势不利于学生创新思维的培养。

有这样一道测试题，题干是：一位公安局长在茶馆里与一位老头下象棋。正在难分难解之时，跑来了一位小孩，着急地对公安局长说："你爸爸和我爸爸吵起来了。"老头问："这孩子是你的什么人？"公安局长答道："是我的儿子。"求解：这两个吵架的人与公安局长是什么关系？

据说在随机测试中，仅有 2% 的人能瞬间给出正确答案。许多人都把答案想得过于复杂，从婚姻、抚养和血缘等角度来推测他们之间的关系。其实答案很简单：吵架的双方是女公安局长的丈夫（小孩的爸爸）和她的爸爸（小孩的外公）。

为什么许多人会把他们之间的关系想得很复杂？因为"公安局长""茶馆""与老头下棋"这些描述，使我们从以往的经验（逐渐形成的一种判断事物的思维习惯和固定倾向）判断，为公安局长预先设定一个男性身份，这样就把简单的问题想复杂了。

为了孩子的更好发展，每位老师和家长都应该辩证地看待定势效应，帮助我们的孩子强化对知识的获得和问题的解决起促进作用的思维定势正效应，同时，最大限度地降低思维定势负效应的影响。

在观念上，我们应该充分认识到，标准化、规律化、程序化等是工业化大机器生产时代所需求的；创新性的思维、推陈出新的设计、个性化的产品是后工业化时代的社会需求趋势。

在教育中，我们在教会学生遵循客观规律，学会总结经验、化繁为简，充分发挥思维定势正效应的同时，要注意防范思维定势的负效应对学生思维固化的影响，从而保障思维的流畅性、变通性和创造性。

在课堂教学中，要设计一些带有一定启发性和一定难度的问题，积极鼓励和提倡学生质疑释疑，对这些学习内容进行发散性思维的解答和阐述；在课外作业与测验考试中，要有一定比例的可以一题多解（甚至是答案言之有理即可）的命题；在家里，家长们可以和孩子做些改变原有思维模式的"脑筋急转弯"游戏，等等。

# 蝴蝶效应之一

## ——莫以善小而不为

> 播下一个行动，你将收获一种习惯；播下一种习惯，你将收获一种性格；播下一种性格，你将收获一种命运。
>
> ——（美国）威廉·詹姆士

20 世纪 60 年代初，美国麻省理工学院教授爱德华·洛伦兹在研究"长期天气预报"时，出现了疑难问题：她在计算机上用一组简化数据模拟天气的演变，原本是想利用计算机的高速运算来提高天气预报的准确性。但是事与愿违，多次计算表明，计算机输入的资料如果有微小的不同，其计算结果就会出现巨大的差异，导致错误的结论。

洛伦兹对此研究多年，终于得出了一个著名的科学理论——"蝴蝶效应"理论。1979 年 12 月，在华盛顿召开的美国科学发展大会上，洛伦兹发表了一个伟大的演说：《不可预测性：一只在巴西翩翩起舞的蝴蝶能否在得克萨斯州引起一场龙卷风》。洛伦兹在报告中阐述"微小差异导致的巨大反应"时，用一种形象的比喻来表达这个发现：生活在亚马逊河流域热带雨林中的一只蝴蝶，偶尔扇动几下翅膀，沿着因果关系的链条发展，有可能会在美国的得克萨斯州引起一场威力巨大的龙卷风。

为什么会这样呢？洛伦兹解释道：蝴蝶的翅膀运动，导致其周边空气系统发生微妙的变化，从而产生一股微弱的气流。而这股微弱的气流，又可能会引起四周空气相应的变化，继续诱发一系列连锁反应，导致天气系统更大的变化，最终产生出一场威力无比的龙卷风。

"蝴蝶效应"指的是：初始条件十分微小的变化，经过不断放大，对其未来状态会造成极其巨大的差别。反映了混沌运动的一个重要特征：系统的长期行为对初始条件的敏感依赖性。

蝴蝶效应与西方民谣"少了一个钉子，丢了一只蹄铁；丢了一只蹄铁，折了一匹战马；折了一匹战马，伤了一位骑士；伤了一位骑士，输了一场战役；输了一场战役，亡了一个帝国"异曲同工。

决战时刻到了！早上，国王理查三世派马夫去准备他最喜欢的战马。

"快点给马换上新马掌，"马夫对铁匠说，"国王今天希望骑着它出战。""你得等等，"铁匠回答，"我最近天天给战马钉掌、换掌，马蹄铁都用完了，我得现做。"铁匠埋头干活，用一根扁铁条做出四个马掌，然后开始用钉子固定在马蹄上。

军号响了，马夫惊恐催促"快点！要来不及了！""还缺一个钉子，"铁匠说，"需要点儿时间制作，很快就好。""等不及了。"马夫不耐烦地叫道，"缺一个能不能凑合挂住？""应该能，但是不能像其他几个那么结实。"铁匠回答说，"好吧，就这样，"马夫说道，"延误出战，可是死罪啊！"

两军开始交战了，理查国王披挂上阵，率领士兵冲击敌军，奋勇迎战敌人。当他远远地看见战场另一头战事吃紧、少数士兵开始退却，就策马扬鞭冲向那里，"冲啊，冲啊！"他喊着，鞭策士兵调头战斗，堵住缺口。突然，一只马掌掉了，战马跌倒，理查也被掀翻在地上，敌人的军队包围了上来。理查被敌军俘获的消息在阵地上蔓延，他的军队瞬间分崩离析，士兵们自顾不暇四处逃命，战斗结束了。

莎士比亚的名句："马，马，一马失社稷。"使这一战役永载史册。

马蹄铁上一个钉子缺失，本是初始时十分微小的事情，但其巨大的危险，却是使一个帝国灭亡。这似乎不可思议，但在有些条件下却成了可能。

一位留美女博士回初中母校作报告时，将今日之成就归因于"生命的偶然"。她坦言：初二时她处于人生的低谷，成绩在全班倒数，平日和一些社会上的女孩子一起玩，前途迷茫，不知道自己的未来会怎样。

一次期中考试前，她的好友偶尔在教师办公桌上看到了写有答案的试卷底稿，转给了她。她一发狠，就狂背起来，使它烂熟于心。如果按她的真实水平，她只能考30多分吧，但那次她考了全班第一，连偷偷给她试卷底稿的朋友也只考了70多分。所有人都认定她作弊了，但就是作弊也不可能考到98分啊！只有老师信任和鼓励了她，说她进步很快，并相信她以后肯定还会考出好成绩。那一刻，她差点哭了，她没想到老师会相信她和鼓励她。一些同学对她的羡慕也让她体会到了一种从未有过的喜悦和兴奋，原来学习好可以如此光荣！

从那以后，为了证明自己没有作弊，为了对得起老师的信任和鼓励，她发了疯一样勤奋学习，并从中享受到了学习的乐趣。不久，她的学习成绩跃居全班第一。一年后考上重点高中，三年后考上北大。毕业后，她去美国留学了。

那次偶然偷来的试卷所引发的连锁反应最终改变了她的命运，否则她中学毕业以后也许就混迹在外出打工谋生的人潮中。

掌声中，已是满头白发的老师站起来，笑道："孩子，当时我就知道你肯定是作弊了，因为以你的能力不可能考98分。但我想，也许你从此能发奋，所以，我给了你鼓励和信任。"

那一刻，女博士的泪水流了下来，在人生最关键的时刻，老师没有把她当贼一样揪出来，而是给了她鼓励，让她的人生从此与众不同。正是这份可贵的宽容和信任成了她生命的支点。

这位留美女博士口中的"生命的偶然"，即是心理学上所说的蝴蝶效应。

"教育无小事"，孩子的教育就是由这样或那样的小事堆积起来的。任何一件事，哪怕只是随意的一句话、一个表情、一次表扬或批评，对孩子来说都可能会关系到他将来的发展前途。教师一定要对学校中的每一次偶然事件保持敏锐，要对教育事件中的"小善"多点用心。成败有时确实存在于细节之中！

# 蝴蝶效应之二

## ——善终者慎始

三年前的一个星期二，我照例准时在下午五点钟到高三文科班作政治学科的晚自习辅导。上课十分钟后，一个平素与我关系不错的女生，悠闲地踱了进来，看到我，一脸的灿烂，全然没有因为迟到而抱歉的意思。看到她悠闲的样子，忙了一天略显疲惫的我十分生气，不问青红皂白，便冷冷地说了句："快点儿。"女学生的眼中闪过一丝尴尬，满脸的阳光一下停在半空凝住了，接着，低下头走进教室。此时，我正拿起事先准备好的幻灯片，那是一张知识结构图，吩咐学生拿出笔记本开始做记录。这时，那个女学生突然举起手，随即起身说："老师，您的结构图与练习册上几乎一模一样，我们还用记笔记吗？"平时对笔记要求严格的我愣住了，继而一丝愠怒涌上心头，我感觉她在怀疑我的教学能力。于是就说："这张结构图，我的确借鉴了练习册的内容，但比起它可要详细得多，你要认真比较，同时，我要对你说，你可以选择自己的学习方式，但请你上课不要随便举手，以免打断我和大家的思路。"很少挨说的女学生嘴角抽动了一下，什么也没说，坐下的时候我瞥见她的眼角有一抹晶亮，一闪一闪的。

下课了，我有些后悔了，然而……最终，为了所谓的师道尊严，我还是选择了沉默，没有和女学生沟通和交流。这件事就这样不了了之了。

日子一天天平静地流逝，我照常地上课下课，周而复始。渐渐地，我发现有点不对劲儿，一开始是那个女学生回答问题的次数越来越少，后来是女学生周围的一群同学上课无精打采，再后来，隔三差五总有一些同学迟到。理由很简单，解释很诚实，神色很无辜。过了几天，我找班委谈话，他们说："不是您上课有问题，而是那个女孩儿。她一直记着那天晚自习的事儿，她在我们班特有号召力，文章好，口才好，特别是她很善于捕捉人的心理，会关心人，许多同学喜欢她。可她有个缺点——小心眼儿。她在班里散布言论，说您上课花里胡哨，总提培养能力，树立观念，可最后高考还得看那条雷打不动的分数线。现在班里有一部分同学都……"

听到这，我脑袋"轰"的一声大了，没想到事情会闹到这个地步。那几天，我一进这个班，就觉得气氛压抑，我真的不知道蝴蝶的翅膀竟能扇起如此大的风暴。我有点不知所措。

接下来，我做了许多细致入微的工作，下课找同学聊天谈心，关心他们的生活，但为了避免直面相对的尴尬，我始终没找那个女学生谈话。我只是在她生日那天，把我的教学日记作为礼物送给了她。我在扉页上这样写道："人无完人，退一步海阔天空。今天，你我是师生；明天，你我可能会成为各自记忆中最美好的回忆。"女学生没来找我。以后，日子仍安静地流走，渐渐地我发现女学生回答问题的次数增加了，而迟到的学生也逐渐地减少。（刊载于《天津教育》）

这是一个真实的故事，它让老师在"师严然后道尊，道尊然后民知敬学"之外懂得了要成为有道之师，获得尊严，需先善其德。让老师体会到师生关系是成功教育的关键，只有尊重、理解、关怀自己的学生，才能让学生心悦诚服。它使老师认识到蝴蝶效应是一把双刃剑：蝴蝶是美丽的，初始考虑不慎，它可能会掀起惊人的破坏性风暴；创造好了契机，它也能有"春风朝夕起，吹绿日日深"的功效，也会营造教育中的良性效应。

"初"乃万物之源，总与"终"相生相伴，蝴蝶效应的复杂连锁效应，每天都可能在我们身边发生。期望所有"园丁"今后在教育的百花园里耕耘时，多一些细心，多一份关爱。

# 称赞效应

## ——卡耐基发奋上进的动力

> 人类本性最深的需要是渴望别人的欣赏，因此我们要多夸奖别人。
>
> ——（美国）拿破仑·希尔

卡耐基的故事：

小时候的卡耐基是一个远近闻名的公认的坏男孩。

在他九岁的时候，父亲将继母娶进家门，当时他们是居住在弗吉尼亚乡下的贫苦人家，而继母则来自条件较好的家庭。父亲向继母介绍卡耐基道："你得提防这个全县最坏的小男孩，他快让我头疼死了，说不定他会在明天早晨之前就拿石头砸你……"出乎卡耐基意料的是，继母走到他面前，微笑着托起他的头看着他，对丈夫说："你错了，他不是全县最坏的男孩，而是最聪明、但还没找到发泄热忱地方的小男孩。"继母说得卡耐基心里热乎乎的，眼泪几乎滚落下来。就是这句话，使卡耐基和继母建立起了友谊。

卡耐基 14 岁时，继母给他买了一部二手打字机，并且对他说，相信你会成为一名作家。卡耐基亲眼看到她如何用自己的热忱，改变了他们的家庭，也很欣赏她的那股热忱，所以不愿意辜负她。他接受了继母的礼物和期望，并开始向当地的一家报纸投稿。

来自继母的称赞成为激励卡耐基发奋上进的一种动力，激发了他的想象力、创造力，帮助他和无穷的智慧发生联系，使他成为美国的富豪和著名作家，使他日后创造了成功的 28 项黄金法则，帮助成千上万的普通人走上成功和致富的光明大道，他自己也成为 20 世纪最有影响力的人物之一。

达尔科夫的回忆：

小时候的我是一个性格极为内向、胆怯和害羞的男孩，几乎没有朋友，对什么事都缺乏信心。24年前的一天，我的中学老师露丝·布劳奇在班上布置作业。她要求同学们在已阅读了《杀死一只知更鸟》一文的基础上，接着那篇小说来写续文。我无法回忆起布劳奇老师给的评分是多少，但我至今仍清晰地记得，而且永生难忘的是，布劳奇老师在我作文的页边空白处写下的那四个字"写得不错"。

"在读到这几个字之前，我不知道我是谁，也不知道我将来要干什么？读了她的批注之后，我兴奋地回到家里，挥笔写了一篇短篇小说。这是过去我梦寐以求、但从来不敢相信自己能够做成的事。"

此后，在中学时代剩下的日子里，我利用课余时间写了大量的短篇小说，并经常将它们带给布劳奇老师评阅，布劳奇老师不断地给予鼓励，一丝不苟地批改，态度和蔼可亲。不久，我担任了校刊的编辑工作，我的信心与日俱增，开始了一种充实的、富有收获的生活。

千万记住，人是喜欢被欣赏、被赞美、被称赞的。

称赞之所以会有如此巨大的力量，就是因为大多数人在做没有多大把握的事情时，往往乐意看到自己在这些没什么把握的事情上表现不凡，获得别人的称赞。当你对这些没把握的事情中的任何一件加以赞扬时，得到了你肯定评价的人，往往会怀着一种潜在的快乐心情来满足你对他的期待。这就是心理学上所讲的"称赞效应"。

一句"写得不错"的激励性批注，使达尔科夫走向成功之路。在母校建校30周年的联欢会上，自由撰稿人马尔科姆·达尔科夫对已经退休的布劳奇老师深情地说道："如果没有您那四个令人鼓舞的字，我也许今天不会成为作家。"卡耐基之所以和继母建立起了友谊、开始发奋上进，是缘于继母当着他爸爸的面，对一个远近闻名的公认的"坏男孩"说了一句肯定的、称赞的话。

心理学家威廉·詹姆士说："人性最深层的需求就是渴望别人的欣赏和赞美。"人的心理需要一旦得到满足，便会产生积极向上的原动力，这时许多潜能就容易被激发出来。教师和家长的称赞更是阳光、空气和水，是孩子成长不可缺少的养料。

教师和家长都应该懂得，不应该老是盯着孩子的缺点，"毛病"只会越挑越多，绝不会越挑越少。教师和家长应把注意力集中到发现和夸奖学生的真、善、美闪光点上，"美"的东西会越赞越多、越赞越美。教师和家长都应该知道，称赞的话都应该说出来，让孩子知道。如果你以为称赞的话只需埋在心里，那就大错特错了。

当然，称赞应该是真诚与实事求是的，称赞别人最忌讳的是用不太真诚的态度说出敷衍的话。

# 宽容效应
## ——歧途可返

> 宽容就像天上的细雨滋润着大地。它赐福于被宽容的人，也赐福于宽容的人。
>
> ——（英国）莎士比亚

幽静的大山，云雾缭绕，古木参天，深山溪旁石径尽头有一座历尽沧桑的庙宇，庙里的小沙弥聪明伶俐，深得方丈宠爱。方丈见其颇具慧根，决定将自己毕生所学倾囊相授，希望他日后学有所成，继承自己的衣钵。

清苦孤独的小沙弥在一次下山之后，惊叹人世间的繁华，被五光十色的红尘迷住了心窍，从此沉浸在花街柳巷、茶馆酒楼中，放浪形骸，无心再回到寺庙念经向佛。

20年后，当年的小沙弥已人近中年，多年红尘俗世的沧桑经历已令他厌烦，他开始思考人生的终极意义，并深深忏悔自己这些年来的荒唐生活。他决定回到寺里，恳求方丈的原谅，希望能挽回自己的过错，重念佛经、重沐师恩、重新奉伺佛祖。

庙门前，昔日的小沙弥长跪不起。

哀莫大于心死。方丈很是厌恶他昔日的行径，拒绝了他的要求，说："你罪过深重，要想佛祖饶恕，除非——"方丈面无表情地随手指向供桌，"除非桌子也能开花"。

桌子开花是不可能的，也就是说，方丈连悔过的机会都不愿给他。伤心失望的小沙弥心灰意冷地离开了寺庙。

第二天早上，踏进佛堂的方丈惊呆了：一夜间，佛桌上开满了大簇大簇的花朵，每一朵都芳香逼人，佛堂里一丝风也没有，那些盛开的花朵却簌簌急摇，仿佛是焦灼的召唤。

方丈在瞬间大彻大悟。他连忙下山寻找昔日的浪子，但已经找不到自己曾经的徒弟了。

到了深夜，方丈回到寺庙，佛桌上开出的那些花朵也凋零了，从头到尾它们只开放了短短的一天。

当夜，老迈的方丈圆寂。临终遗言：这世上，没有什么歧途不可以回返，没有什么错误不可以改正，一个真心向善的念，是最罕有的奇迹，就像佛桌上开出的花朵。让奇迹殒灭的不是错误，是一颗冰冷的、不肯原谅、不肯相信的心。

是人都可能会犯错，宽容别人的过失，就意味给别人醒悟的时间和悔过的机会。故事中的老方丈对小沙弥昔日的罪孽选择了不予原谅，连悔过赎罪的机会都没有给他。小沙弥绝望之下离去，没有人知道他最后会变成什么样；老方丈最终醒悟，他的不可原谅、不肯相信，很可能令小沙弥从此一蹶不振，甚至就此堕落下去。

不知道老方丈是否参透了另一个道理：一颗宽容的心能够使灵魂自由呼吸，不再经受怨恨的折磨和腐蚀，当宽容的行为一旦产生，我们的内心也会获得一份安宁与平静。这是因为在原谅了他人之后，我们的内心会卸下一份沉重的负担，会获得心灵真正的解脱，会增添一份愉悦，这份愉悦又会传染给他人，使这个世界变得更加美好。

宽容，是一种大度，是对对方尊严的保护，引发的是良知唤醒与道德自责。宽容的力量常常能使误入歧途的人返回正常轨道，也能比任何道理的叙述都更有说服力，它的魅力来源于发自内心的真诚与崇高。我们应该学会原谅，学会给人机会，要有一颗宽容的心，而不是冰冷以待。

鲍勃·胡佛是一位著名的试飞员，经常在航空展览上做飞行表演。一次，他在圣地亚哥航空展驾驶螺旋桨飞机完成飞行表演回洛杉矶时，两个引擎突然熄火。在操纵飞机成功迫降后，九死一生的他立即检查飞机的燃料，果然如他所料，装的居然是喷气式飞机燃料而不是螺旋桨飞机燃料。

辗转回到机场后，胡佛并没有责骂那位机械师，甚至没有批评他。相反地，他用手臂抱住那个机械师的肩膀，对他说："为了表示我相信你不会再犯错误，我要你明天再为我保养飞机。"

年轻的机械师泪流满面。从此，"认真""细心"伴随着他工作的全部。

现实生活中，每位学生都有一颗向上、向善的心，老师应该尊重、关心、激励自己的学生。教师对犯错学生的宽容，最能引发学生发自内心的愧疚感，同时产生对老师的感激之情，从而"痛改前非"。

宽容教育是最成功的教育形式之一，也是一门艺术。掌握了这门艺术，带着爱心与宽容心迈进学生心坎的教师，必将成为最成功的教育大师。

# 蔡戈尼效应
## ——作业的功能与意义

　　向成长中的儿童提示难题，激励他向下一阶段发展，这样的努力是值得的。

——（美国）布鲁纳

　　大山脚下，学校里只有一个教书先生和十几个学龄孩童，教书先生面对这群顽皮难教的孩子，无心教书，经常到山上找庙里的酒肉和尚一起喝酒聊天。为防止学生趁他不在而玩耍嬉戏，他每次留下同样的作业：背诵圆周率。并规定，每天回来时抽几个人背诵，背不出来者用戒尺打手心；只要有一个人背不出，第二天全体再背。开始的时候，每个学生都苦不堪言，日复一日地背着。后来，一位聪明的学生想出妙法，把圆周率的内容跟眼前的情境联系起来，编了一段顺口溜：山巅一寺一壶酒(3.14159)，尔乐苦杀吾(26535)，把酒吃(897)，酒杀尔(932)，杀不死(384)，乐尔乐(626)。待先生喝完酒回来一检查，学生们都背得滚瓜烂熟，先生目瞪口呆。

　　圆周率是圆周的长度和直径的比。这是一个无限不循环小数，也就是说它是个没完没了的小数，各位数字的变化又没有规律。这位教书先生所留的作业，不论从哪个角度讲，对于求学的孩童而言都是没有意义的。当然，这只是一个故事。但是当下孩子们每天作业的功能与意义我们都思考过吗？

　　作业具有巩固所学、"温故而知新"的教育功能，作业又是反映学生课堂知识掌握程度和反馈教师教学效果的重要手段。作业的功能在于"过程"的训练，在于思维活动量的投入，在于导教、导练、导学，是课程与教学的重要组成部分，也是师生、生生之间的一种互动方式。它能在巩固学生已学知识的同时，使其过渡到要学的新知识上，培养学生的思维，开发学生的智力。

然而，在平时的教育教学中，如何布置作业？学生如何完成作业才是真正完成了学习任务？许多教师与家长在这些问题上存在着认识误区。现实中，大量简单的、重复的、意义不大的训练题充斥学生的作业之中。这些题目单一地追求结果的完善，弱化通过做题目引发学生的思考，成了学生智力、创造力发展的桎梏。同时，似乎只要学生能认真完成、按时上交作业，并且答案正确，家长与教师就满意了。在学校开始重视这方面问题，要求精简作业量、题目注重启发思考与能力培养时，家长们又出于担心，悄悄地为孩子们布置许多低劣的、难以与课堂教学互为补充的习题。

其实早在 1927 年，女心理学家蔡戈尼就曾经做过这样一个试验：她将 138 个儿童分为两组，同时演算同样的数学题。对甲组，她让他们按部就班地把题目做完，而在乙组的演算中途，突然下令停止。一小时后，她测试那些儿童，让两组分别回忆演算的题目，结果乙组明显优于甲组。研究发现：没有完成的"不顺畅"深刻地留存在乙组儿童的记忆中，久久抹不去。而那些已完成演算的儿童，"完成欲"得到了满足，便轻松地忘记了任务。后来，人们把蔡戈尼经过试验发现的这种心态称作"蔡戈尼效应"。蔡戈尼效应告诉我们，一味地追求结果，会造成思维一定方位上的滞留。

让学生通过做作业养成善思乐思的良好习惯，是蔡戈尼效应给我们的重要启示。

教师要通过作业，为学生提供自我表现、自我反思的时空。可以根据作业设计的基础性、针对性、实践性、激励性、典型性、启发性、探究性、差异性、开放性和创新性等原则，在作业的布置上不搞题海战，而是有目的地多设计一些开放性、趣味性、挑战性的作业。要利用作业提升思维训练的过程，并逐步消除学生们完成任务式的作业态度，提高学习的积极性。家长要根据自己孩子的实际情况，从作业的功能与意义上着眼，来关注或指导孩子的作业。

# 刺猬效应
## ——把握好师生间的距离

过分了解或过分不了解，同样妨碍彼此的接近。

——（俄国）列夫·托尔斯泰

西方国家的生物学家们曾经做过一个关于研究动物习性的实验：在西北风呼啸着袭来、天宇凛冽、枯草萋萋的寒冷冬天，把十几只刺猬放到空旷的户外平地上，空地上没有任何可以防风避寒的遮挡物，刺猬们一个个都被冻得瑟瑟发抖。生存的本能让它们试图相互靠近取暖，但又因难以忍受对方身上的长刺而不得不分开。就这样经过一次又一次的靠近和一次又一次的分开后，刺猬们最终找到一个既能相互挡风取暖又不被对方刺伤的合适距离。

后来，教育心理学家根据这一现象总结出了著名的"刺猬效应"，又叫做"距离法则"。刺猬效应阐述的是这样一个道理：在教育者与受教育者的平常相处过程中，只有两者保持适当的距离，才能取得良好的教育效果。有道是"亲其师、信其道"，距离过远，彼此间就得不到充分的沟通、理解和应有的信任，会使学生失去亲切感，产生陌生感。而距离过近，其后果也是很危险的。在师生关系"过近""过远"这两种状态下，均不能达成良好的教育效果。

我忽略了学生还是十几岁孩子的特点，当我和他们一起玩、一起笑了一段时间后，他们已经不把我当做老师了，而是把我看成了他们当中的一员。学生与我无话不谈，谈我的头饰与服装，谈他们之间的矛盾，谈对某个老师的某些做法的不满等。开始的时候我并没有太在意。一天，一名学生神秘兮兮地递给我一张纸条，上面写着："明天中午我和某某、某某某到您家吃饭好吗？"我欣然应允。之后，这三名学生几乎每周都要到我家改善一顿伙食。始料不及的是，这三名同学和我之间的关系，越来越不像师生关系了。在课堂上，他们带头回答问题，并帮助我维持纪律，谁说悄悄话就对谁怒目而向，课后他们会关心我的生活，俨然成了我的"嫡系部队"。其他的学生开始颇有微辞。后来有一天，三名学生中的一个又递给我一张纸条，写着："明天是您的生日，祝您生日快乐。明天中午我们三人在学校门口等您，请您吃饭。"晚上，我拿着这张小纸条开始反省……我终于下决心重构班级中的师生关系。但已经走了一段弯路，造成了不同层面上的学生们的心理失落，留下了遗憾。（一位教师的自述）

教育需要互动，师生之间的关系越是融洽，教育效果往往就越好。反之，如果师生关系紧张，两者心理距离过远，则难以取得理想的教育效果。但是，融洽并不等于没有距离，我们强调师生平等，并不意味着要混淆师生角色，并不是让教师在学生面前无所顾忌，也不等于让学生任何时候、任何地方都与教师平起平坐。

教师与学生的社会角色和责任都不尽相同，作为教育的主导者，教师最大的责任在于引导学生健康成长，用自己健全的人格去塑造学生的人格，用自己的爱心去培养学生的鲜活个性。在教育过程中学生对教师越是崇拜，教师的形象在学生心目中越是高大，教师对学生的教育效果就会越好，缺失了学生最起码的尊重，是难以取得理想的教育效果的，这是教育中最基本的道理。而要达到这种效果，师生之间保持一定的心理距离是必要的。

赞科夫说："教师对学生的爱应当同合理的严格要求相结合。"爱寓于严，才爱得不枉，若仅有爱，没有严，那不是真爱，至少不是完整的爱或负责的爱。唯有将"爱"与"严"有机地结合起来，才能产生最佳的教育效果。强调师生之间保持一定心理距离，并不是要教师完全脱离学生，而是要教师该管时则必管，当问时则必问，该爱则爱，当严则严。

距离是人际关系的自然属性。良性的人际关系，既要注重心灵上的贴近，又要注意在交往上保持一定的距离。俄国文学家赫尔岑说："人们在一起生活太密切，彼此间太亲近，看得太仔细、太露骨，就会不知不觉地、一瓣一瓣地摘掉那些用诗意簇拥着个性所组成的花环上所有的花朵。"师与生之间保持适度的心理距离，有利于保持老师在学生心目中的神奇感，有利于老师威信的建立。与学生保持多远的距离，则因教师而定、因学生而定、因情境而定，这既是教师智慧的表现，也是教师经验的反映，这需要教师在教育实践中不断地积累和反思，需要教师灵活处理。

教师如能把握刺猬效应的要义，正确应用人际交往中的心理距离效应，那么在教书育人的过程中，一定能收到更好的效果。

# 齐加尼克效应

## ——早期开发智力要科学

琴弦为什么断了呢？我强弹一个它力所不能胜的音节，因此琴弦断了。

——（印度）泰戈尔

　　小威廉的父亲非常重视孩子的智力开发，从威廉幼儿起便让他整天苦读。小威廉也不负所望，3岁能用本国语言自由阅读、书写，4岁时发表3篇300字左右的文章，6岁生日晚会上宣布了一篇解剖学论文，11岁进哈佛大学。但结果与初衷大相径庭，令人瞠目的成绩并没有把小威廉引上大学问家的道路，先是来自家庭的压力使小威廉精神失常，住进了精神病院，出院后，他渴望过普通人的生活，便在一家商店当店员，一生平庸，无所作为。

　　斯托娜夫人通过"自然教育"的方法，使女儿小维尼3岁就开始写诗，4岁便能用世界语写剧本，从5岁开始小维尼的诗和故事就在全国各种报刊上不断发表。但小维尼并非是一个天才，从她刚会走路时，斯托娜夫人就带着她外出散步，边走边告诉她视野所及的树木、田野、天空、建筑物、各种车辆和行人的衣服等的特点。路过商店，就问她商店里陈列着哪些东西。小维尼每回答一个问题，斯托娜夫人就立即给予鼓励。于是，小维尼对身边事物都产生了浓厚兴趣，并特别注意各种人和物的声音、形象和色彩。每当小维尼将一些人或物的状态描述出来时，斯托娜夫人更是大加赞扬，她认为，这是小维尼的写前创作。她遵循"自然教育"的规律，运用语言和游戏相结合的方式，在说说笑笑、轻轻松松中让孩子对数学产生兴趣，比如，她将许多纽扣和豆子放进盘子里，与小维尼各抓一把，数一数，看谁抓得多……从不给孩子什么压力。

世上万物，都有其自然生成的规律，孩子的学习也不例外。因此，必须要采取有效措施缓解"齐加尼克效应"的负面影响，减轻学生过大的精神压力，维护和坚定其学习信心。

齐加尼克效应源于法国心理学家齐加尼克教授的一项心理实验。实验结果表明：在面对包含不少新的知识点、需要学生阅读理解、具有一定难度的测试时，所有参加测试的学生都显现出一种紧张的状态，虽然顺利完成任务者紧张状态随之消失，但未能完成任务者紧张状态持续存在，他们的思绪总是缠绕在那些未完成的工作上面，心理上的紧张压力久久难以消除，结果还影响了以后其他任务的完成。这种因未能完成任务所导致的心理上长时间的紧张状态的现象，后来称被为齐加尼克效应。（齐加尼克效应也有其积极的一面，不在本文范围，故不加以阐述）

近年来，很多人提倡早期开发儿童的智力，从理论上讲自然不错，但如何科学开发却大有讲究。教育的"过度、过早、过负"，虽然在孩子成长的某一个时期内或许有些效力，但最终往往得不偿失。

一百多年前，英国教育家斯宾塞就曾尖锐地指出："过度的教育在各方面都坏：坏在给予一些不久就忘的知识；坏在引起对知识的厌恶；坏在忽视知识的组织，而那比获得知识更重要；坏在削弱或损耗精力，而缺了它训练好的心智就无用处；坏在产生健康不良，即使成功了也无法补偿，而失败了要更加痛苦。"伟大的思想家卢梭的一段话也值得重视："在儿童未长大成人以前，天性要让他们做儿童。假如我们颠倒这个次序，我们无异造就一个不成熟而无香味的勉强成熟的果子，它不等到成熟便要腐烂了。同样，不合理的教育也就要造出稚气的博士和衰朽的儿童。"

孩子整天处于过度紧张状态，其结果是他们的童心、童趣、童真都被泯灭了……

# 群体效应

## ——合理设置学习小组

完善的教育能使人类自身的智力和道德的力量得到广泛的发挥。

——（俄罗斯）乌申斯基

夕阳西下，荒芜的崇山峻岭尽染红彤彤的颜色，远处山坡上一群羚羊一边警觉地四处张望，一边在觅食。突然，不知道受到了什么惊吓，羊群骚动起来，它们迅即随着头羊一同快速奔跑移动，在众多羊蹄的蹬踏之下，尘土飞扬蔽日。途中遇一山洞横贯，强健的头羊奋力一跃，勉强攀上了对面的悬崖得以过去，盲目追随其后的其他羚羊不顾一切地纷纷仿效，结果一部分羚羊掉下悬崖，葬身山洞，鲜血染红了溪水……

羚羊的悲壮之举，系与生俱来的合群天性使然。自然界中，或因安全的需要，或因生殖的需求，或是遗传的本能，不少生物有群聚的特性。人类尽管已经脱离了动物界，但也有群聚的习性。在中小学里，学生也呈现出多种群聚形态，这种群聚形态对个体学习能力有很大影响。我们把这种现象称为学习与成长的"群体效应"。

群体效应指的是同一群体中，个体之间的相互影响，或个别活动能量较大、影响力较强的个体激发或强化了群体中其他人的某些积极或消极因素，从而影响群体活动的进行和活动成效。积极的群体效应产生积极的效能，支配着群体中个体的积极思想和行为，促进个体相互激励、取长补短。群体效应是任何一个群体中都不同程度地存在着的一种普遍的心理现象。

在学习能力的增强和学习效率的提高方面，群体效应的发挥有着重要的意义。自从 17 世纪夸美纽斯把个别教育改变成班级教学之后，班级教学在培养人才方面具有规模大、统一规范的优势而延续到现在。尽管当今的班级教学形式仍然是学校教学最基本的形式，但课堂教学在组织形式上有了较大的改进，开始有意识地把课堂教学转变为以学生为主体、以学生的学习为教学的主要着眼点。基于班级只是作为制约学生课堂行为的一种"静态的集体背景"具有某些影响，而并非作为帮助学生课堂学习的一种"动态的集体力量"发挥作用，合理组建班级内的学习小组，就成为教育工作者一项非常重要的工作。

自教育家段力佩的"读、议、练、讲"得到普遍认同后，许多教师在教学中进行了简单的复制与模仿。在教学形式上，四人学习小组已成为启发式教育的"标配"。事实上，心理学研究证明，在组建课堂学习小组时应遵循以下原则：

（1）学习小组人数适合合作学习原则。学生小组活动的一个主要优点就是促使每个学生积极参与，在小组讨论中，学生不仅要对教师的提问做出反应，还要在开放的论坛上对其他同学的问题做出反应。因此，有效的学习群体人数应当为 5 到 7 人。少于 5 人，集体思维的广度和深度均受到影响；多于 7 人，则难以实现集体内部的全员沟通，并因此影响集体内部成员的参与积极性。

（2）避免各学科的学习小组成员重复的原则。避免与其他学科群体分组相重复，为的是加大学生之间交往的广度，促进学生的社会化进程，对学生综合能力的培养有着积极作用，同时也有利于发挥每位学生的个体作用。在不打乱班级座位的情况下，可利用前后、左右进行不同的组合，以及少数同学的座椅移动和每周大组座位的平移，组建不同学生构成的、各个学科的 5 到 7 人学习小组。

（3）小组之间学习能力均等原则。就群体学习的效果来说，群体之间的外部竞争与内部沟通协调同样重要。通过群体的外部竞争，可以培养学生的竞争意识，激发学生的学习热情，培养学生的集体荣誉感。而要使集体的外部竞争积极向上，教师分组时就必须遵循"组间同质，组内异质，优势互补"的方针，使各个学习小组的能力素养大致均等。

当学生个体与其他同学共同学习时，往往比自己单独学习收获大，有时甚至比向教师学习效果还要好。参与合作的学生能更深入地领会更多书本知识，更有效地完成难度大的任务，这就是群体效应产生的积极效能。当学生彼此孤立时，他们参与学习的积极性会受到影响，学习的深度会减弱，改善思维能力的机会也会相应减少。但是，值得注意的是，并非所有的教学内容都适用于学习小组的课堂合作学习。一些过于简单的问题由于缺乏合作和互相帮助的必要性，合作学习就既浪费资源又没有效果；而少数难度或复杂程度高的、需要同学们潜心思考的问题，也不适合小组合作学习。

# 预期效应

## ——诚信很重要

> 言不信者，行不果。
>
> ——（中国）墨子

常常听人抱怨说："这是什么鬼？天都这么冷了怎么还有蚊子！"天冷了应该没有蚊子，似乎是理所当然的。

"对未来生活的自信来自理智的期望"（[美]兰德）。人类的聪明之处在于通过长期以来的经验总结，预期可能发生的事情。如果实际与预期相符，这将加强预期的功能作用和可信度；反之，如果预期良好，但实际却不符，将给人带来认知的调整，从而修正原先的惯有的行为。关于这点，心理学上有很多实验可以证实。

心理学家廷克波1928年以猴子为受试者，做了一个有关预期效应的实验。实验者先当着猴子的面将香蕉放入两个带盖子的容器中的一个，在用一块木板挡住猴子的视线一会儿之后，允许猴子拿取香蕉。结果发现，猴子能准确地从装有它们喜欢吃的香蕉的容器中取得食物。

接着，实验者再当着猴子的面把香蕉放入，然后利用挡板挡住猴子视线的片刻，把香蕉取出，换成猴子不喜欢吃的莴苣叶子。结果，当猴子发现从容器中取出的是莴苣叶子而不是香蕉时，它显露惊讶的表情，出现挫败感。它拒绝食用莴苣叶子，并在四周寻找预期中的香蕉，甚至非常沮丧地向实验者高声尖叫，大发脾气。

每年暑期过后，有上千万的学子进入高中或大专院校注册就读。这些新生在入学之初，其心态大体分为三类：大多数人新鲜好奇、跃跃欲试，少数人欣喜若狂、内心的愉悦难以掩饰，另有少数人郁郁寡欢、失落沮丧。经过多年调查分析，欣喜愉悦者，多为升学考试成绩超过预期数值、进入了原先一直仰望的学校的人；寡欢沮丧者，多为升学考试成绩未达到预期目标、没能进入所心仪的学校的人。

　　相关调查和实验启发我们，人类和灵长类动物的行为不是受他们行为的直接结果影响，而是受他们行为将会带来什么的预期结果所支配。

　　人的积极性的发挥也一样与他的期望及其所达到的效价密切相关，用公式表示就是：积极性＝期望值 × 效价。

　　"效价"是指工作要达到的目标对于满足个人需要的价值，"期望值"是指根据一个人的经验，判断一定行为能够导致某种结果和满足需要的概率，人们对实现目标的积极性等于期望值和效价的乘积。如果人们对某项目标实现的效价看得愈大，积极性就愈高；如果对实现目标的期望愈大，人们的积极性也愈大。可见，提高期望值确实是激励人的积极性的一种科学方法。

　　在教育上，"预期效应"是师生关系中的一种重要现象，也是促使师生之间形成良好的心理互动的一种巨大力量。在教育教学过程中，教师的预期效应是一个复杂的连锁过程，它的实现是教师心理影响和学生外显行为几番相互转化的结果。

　　教师的预期有正效应，也有负效应。教师的责任是要针对具体情况，引导学生向高于现有水平的目标奋进，实现预期的目标。这也是为什么每次上新课之前，老师总是要不厌其烦地叙述学习这个内容的重要性和意义等，这其实就是在给学生一个良好的预期，让学生知道，如果好好学习这部分东西，能得到什么样的收获。

　　在教育中，预期效应有时是和诚信联系在一起的。好的预期作用不言而喻，但如何有效地利用预期，却并不是一件简单的事情。如果你让他人产生了特定的预期，却并没有让其达成预期效果，其心里的感受就会非常糟糕，就如同那个气急败坏的猴子。大家也许曾有过这样的经历，听了关于某部电影的煽情介绍，满心期待地去看了之后，却发现该片要情节没情节，要美感没美感，大呼上当。其实更确切地说，如果给予预期却不兑现，这涉及的乃是诚信问题。以下是两则关于诚信的小故事：

十八世纪的英国，有一个殷富家庭准备把旧宅里的一座亭子拆掉，在新宅邸的开阔草坪上另外搭建一座。主人的儿子在返回寄宿制学校就读之际，恰逢工人们在拆迁亭子。好奇心极强的儿子想亲眼目睹亭子是怎样被拆除的，于是就打算迟些天返回学校，严厉的父亲却要求儿子准时到校上课，但答应将亭子的拆迁日期推迟到几个月后儿子再放假的时候，这样儿子放假回家就可以看到工人们怎样拆亭子了。儿子离家返校后，随着新宅邸工程进度的推进，父亲把对儿子的应允给忘了，还是安排工人们把亭子给拆了，按设计在另外一处新建了一座亭子。假期到了，儿子返回家里，径直朝旧亭子处走去……

早餐时，他闷闷不乐对父亲说："你为什么提前把亭子拆了？说话不算数！"父亲听后大为震惊，想不到儿子还记着这件事，惭愧地说："孩子，你说得对。言而有信比什么都重要。"父亲随即让人在原地盖起了一座亭子，再当着孩子的面将其拆除。

多年以后，这位孩子长大成人，成为英国著名政治家，他就是以言而有信著称、用诚实和信用立身的福克斯。谈起当年父亲建了亭子又拆的这件事，福克斯深有感触地说："我应该感谢父亲，是他通过自己的实际行动来告诉我，要做一个信守诺言的人。"

曾子的妻子要上街，她的小儿子哭闹着要跟去。曾妻便哄道："你别去，我回来杀猪娃让你吃肉。"她刚从街上回来，就看到曾子真的要杀猪娃，急忙阻拦："猪娃太小，杀了不划算，我是骗孩子的。"曾子说："小孩子是不能欺骗的。孩子年幼无知，处处模仿父母，听从父母的教导。今天你欺骗他，就是教他学你的样子去骗别人。这不是教育孩子的好办法啊！"说罢，曾子杀了那只猪娃，煮了肉给孩子吃。

曾子杀猪的故事很好地诠释了做父母应该履行承诺，否则孩子在一次又一次的心中预期无法实现之后，也会逐渐学会失信，更失去了天真可爱的童心。

结论：在使用预期效应时，要学习福克斯的父亲；要做曾子，勿做曾妻。

# 色彩效应
## ——颜色的魔力

声音是听得见的色彩，色彩是看得见的声音。

——（英国）马利翁

英国首都伦敦著名的泰晤士河上，有许多形状各异、美丽多姿的桥梁，与两岸的建筑一起装饰着泰晤士河的旖旎风光。

其中波利菲尔大桥曾经一度很有"名气"。当时，在伦敦有很多大桥，但很少有人从其他大桥上跳下自杀，而这座大桥自建成之后，每年都有不少人从这座桥上跳河自杀，以至于它被人称为"死亡之桥"。究竟波利菲尔大桥有什么"魔力"，使每年从这座桥上跳下自杀的人会远远多于其他大桥呢？这让人们大感不解。

为此，伦敦有关组织强烈要求英国皇家科学院的科研人员查出人们之所以汇集到波利菲尔大桥自杀的真相。一段时间之后，英国皇家科学院的普里森博士给出了这样一个答案：人们之所以从波利菲尔大桥上跳下自杀，很可能与它黑色的桥身有关。

人们对普里森博士给出的结论普遍抱有怀疑，认为这简直就是天方夜谭。然而，既然没有其他合理的答案，伦敦政府以"权将死马当成活马医"的心态，把桥身的黑色换成绿色。结果奇迹出现了：在波利菲尔大桥的桥身颜色刚刚改变的第一年，从桥上自杀的人数就减少了56.4%。后来，又听从其他心理学家的建议，将桥栏杆上的石柱尖上涂上了红色，之后，在这座桥上自杀的人数进一步减少。终于，波利菲尔大桥摘掉了"死亡之桥"的帽子。

人是一种视觉动物，对人的视觉影响最大的是线条与色彩。人们通过长期的实践与研究逐步认识到，颜色虽然是一种物理特性，看似和人的情绪没有直接联系，但由于每一种颜色都有自己的波长，这些不同波长的颜色会对人产生不同的刺激，当人置身于不同色彩的物理环境中时，就会产生明显的心理效应差异，进而影响到人的情绪和行为。

美国著名心理学家伯尔赫斯·弗雷德里克·斯金纳表示，物体的颜色会在不同程度上影响人的心理，给人留下不同的印象和想法。后来，人们把这种心理效应叫做"色彩效应"。

其实，颜色本身并没有什么特别的含义，但是它却会让人联想到大自然中各种各样颜色所寓意的那些积极或消极意义的事物，使人在心理上对这些颜色产生不同的感觉。

例如，人们看到红色时，往往会联想到火焰、血液等。红色可能会引起人的兴奋、激动，也可能让人联想到危险；人们看到绿色时，常常会联想到草地、森林、田野等。此时，心理上会有一种清新、生命萌发、蓬勃向上的意识；人们看到蓝色时，往往会联想到宽阔的大海、无垠的天空等，能够使心胸变得开阔平和；人们看到黑色时，潜意识中很容易将其与阴暗、死亡等联系起来，让人产生悲观、沮丧等消极心理。

色彩效应对我们的教育与日常生活有着很多有益的启示：

在现代化教育技术普遍应用于教育教学过程的今天，我们可以利用多媒体创设各种背景，通过特定的色彩和场景，造就必要的心理氛围，以引起学生的兴趣和注意，调节学生情绪并使之产生相应的情感，辅助学生对课堂教学内容的理解，从而提高教育教学效果。音乐课、语文课等学科色彩效应尤为明显。在音乐欣赏中，在诗歌、散文、小说的分析讲解中，相应色彩的画面可以有效地加深学习者对内容的理解。

孩子食欲不振？睡眠不好？情绪低落消沉？要解决这些问题，色彩都可以帮到你。

橙色是最能刺激食欲的颜色。人们在进食时看到橙色的食物会不自觉地联想到香甜、柔和的味道，并且它还能让人们灰暗的心情变得振作起来。红色的食物仅次于橙色的食物。红色也能刺激食欲，促进血液循环，振奋心情，让人们感到自身充满活力。明快、活泼的黄色同样能刺激人的食欲，能给人一种快乐的感觉，能刺激神经并激发人体潜在的能量。所以很多餐馆老板都会将餐馆的窗户喷成黄色，或者在餐馆的餐桌上摆上黄色的花，以营造一种温馨、快乐的氛围，刺激食客的食欲。家长们感觉到孩子食欲不振时，不妨选择一些有橙、红、黄颜色的菜肴，或者此类颜色的餐具。

反向需求，则可以选择蓝色和紫色的菜品与餐桌布置。

蓝色虽是让人最没食欲的颜色之一，但是蓝色却可以在一定程度上帮助人们摆脱失眠的困扰。著名心理学家弗雷德里克·赫茨伯格通过多次实验，发现了一个有趣的现象，蓝色可以让激烈的情绪变得平静下来。研究表明，当人处于蓝色的环境下时，能变得冷静、理智，尤其是处在卧室中，蓝色的氛围可以让人原本激动的情绪变得平静下来，让人体会到舒适、温和的感觉，使人容易进入睡眠状态。所以说，蓝色可以在一定程度上使孩子摆脱轻度失眠的困扰。当然，在冬季的时候需适当增加一些米色、本白色，以免让人产生过于清冷的心理感受。

在情绪放松方面，粉红色效果最佳。粉红色最能激发起一个人童年的记忆。一个人在胚胎时期，母体的颜色就是粉红色的，而当婴儿出生后，最初观察世界，呈现在眼前的粉红色母体逐渐就成为安全、和谐、温馨的象征。由此，当孩子视野中出现这种颜色的时候，他就会在潜意识当中产生安全、和谐、温馨的感觉，产生愿意与人沟通交往的行为。英国著名色彩专家奥格博士对于粉色效应的解答是，粉色会影响一个人的大脑，帮助人体减少肾上腺激素的分泌，起到放松身心的效果。

黄色和绿色也是不错的选择。黄色通常代表着欢乐、愉快、友好、自信，这种暖色调可以在无形中改变人低落的情绪，带给人正能量，让消极的情绪变得积极、友好、愉快，使人在无形中变得自信起来，这种现象在儿童身上表现得最为明显。当儿童接触到黄色的事物之后，可以明显地看到他们的情绪变得欢快起来。绿色常常会让人感受到平和、安定，所以绿色也可以使紧张的情绪得到放松。

　　美国著名心理学家阿尔伯特·班杜拉表示，不同的颜色能够给人带来不同的感受。当周围布满了明快、激昂的色彩时，人们的心情就会得到积极的暗示，人体就会处于健康的状态中。由此来说，色彩带给人的积极心理因素与作用是不可小觑的。

# 罗森塔尔效应之一
## ——期望能产生奇迹

善于鼓励学生，是教育中最宝贵的经验。

——（苏联）苏霍姆林斯基

生活与工作中有时存在这样的现象：当一个人没有得到应有的重视和期待，而是被埋没在茫茫人海中时，他很有可能就随波逐流、平庸一生；当他偶尔因某件事灵光闪现，而被周围人及上级领导重视、寄予厚望并频频鼓励时，他有可能会展现出惊人的能量，一直蕴藏在他身上的聪明才智会喷涌而出，令人刮目相看。

罗森塔尔是20世纪美国著名的心理学家。1966年，他做了一个实验：他把一群大白鼠一分为二，分别交给两个实验员对这些大白鼠进行训练。把A群交给一个实验员时，他说"这是一群特别聪明的大白鼠，请你来训练"；他把B群交给另外一实验员时，告诉他这是一群普通的正常的大白鼠，请按规定进行训练。其实，罗森塔尔对这两群大白鼠的分组是随机的，他根本不知道哪只大白鼠更聪明。

一段时间过去后，罗森塔尔对这两群大白鼠进行测试，测试的内容是让大白鼠穿越迷宫，结果发现，A群大白鼠比B群大白鼠聪明得多，都跑出迷宫了。原因就是当实验员得知这群大白鼠特别聪明时，下意识地更加用心加以训练，而且对这群"聪明"大白鼠的态度也是友善和蔼的，结果这些大白鼠真的成了"聪明"的大白鼠；反之，另外一位实验员按通常的方法对大白鼠进行常规性训练，也就把大白鼠训练成了"普通"的大白鼠。

罗森塔尔后来把这种"期待效应"实验扩展到人的身上。

1968年，罗森塔尔和助手们来到一所小学。对一至六年级18个班的学生进行了一次所谓的"发展潜质测验"，等测验结束后，他们给每个班级的任课教师发了一份学生名单，并告知教师，根据测验结果，这张名单上列出的学生是班上最有优异发展潜质的学生。

教师们有些疑惑，他们发现名单中有些学生的成绩是很优异，有些则不然，甚至成绩很差。几位心理学家对此解释道："请你们注意，我们讲的是他们的发展，而非现在的情况。"同时，反复叮嘱教师们：出于科学研究的需要，切勿将这个名单外传。

教师们知道教室里坐着几位"与众不同"的孩子，他们将来很可能会成为栋梁之材后，心中悄然发生变化，无论是在课堂上还是在课堂外，教师们对班级中的那几位孩子都会充满热切的期望。而这些学生在老师的眼神、话语、态度、动作之中也时时感受到特别的关爱和殷切期望，并在不知不觉中接受老师的"期待"暗示，最终真的实现了心理学家的预言，像他们想象的那样去发展了。

1978年，克雷纳等人根据罗森塔尔的研究成果，对4300名儿童进行了4年的纵向研究，并进行了一系列相关数据分析，结果表明：教师的积极期望确实能明显地引发学生成绩的变化。

在多次心理科学实验之后，人们开始重视积极期望的作用，并把这种由他人的期望和热爱而使行为发生与期望趋于一致的变化情况，称为"罗森塔尔效应"或"期待效应"。

笔者在中学执教担任班主任时，也多次"利用"过神奇的罗森塔尔效应：

每当接一个新的起始年级的班级，笔者总是在开学两、三周后开始指定一批学科学习成绩中等的同学担任这一科的课代表，并在谈话时告诉他（她），是任科老师与笔者认为他在这门学科的学习上很有潜力，特意挑选的。结果，一段时间以后，这些同学的这门学科成绩都在原有基础上有很大的提高。

罗森塔尔效应告诉我们，当老师把学生当作大有发展潜质的学生来对待，用对待"发展潜质优异"学生的方法来教育时，学生就会自信心大增，发展成为优秀的人；当老师把学生当作可造之材施教，并让学生知道"天生我材必有用"的时候，老师的班级中就无"差生"可言。

# 罗森塔尔效应之二
## ——"真实"的谎言

> 在你的教鞭底下有瓦特，在你的冷眼里面有牛顿，在你的讥笑声中有爱迪生。
>
> ——（中国）陶行知

结束了为期十天的"思维·探索"夏令营回家的丁丁，一进门就兴高采烈地对爷爷说："爷爷，什么是创造性呀？今天上午'结营式'时老师表扬我，夏令营的'思维·探索'综合测试卷，最后一题是附加题，可以加 15 分，别人都不会，只有我一个人答对了。老师表扬了我，说我的解题方法很有创造性。"

"那你考了多少分？你们这批人的平均分是多少？"一旁的母亲始终比较关心结果。

丁丁满怀喜悦地回答："我得了 78 分，平均分是 71 分。"

"不算加分题，你才考 63 分呀，还什么创造性呢，不就瞎猫碰到死耗子，蒙对了一题呗。"母亲很不以为然。丁丁涨红着脸嚷道："不是蒙的，是我做出来的，老师就表扬了我一个人,夸我解题具有创造性！"从那个夏天之后，丁丁变得喜欢钻研了，常常和爷爷讨论一些理科学习方面的问题。

如何界定"创造性"？它的内涵外延是什么？这个孩子肯定说不清楚。但他本能地感到"创造性"是很神秘、很伟大的。夏令营的老师的表扬成了强大的动力，鼓舞着他去努力学习探索。仅仅一个学期的努力，期末大考时他从一个中等偏下的学生变成了全班第五名，还成了科学课的尖子。这个例子再次说明了教师期待对学生的巨大影响力，这也是证明"罗森塔尔效应"存在的一个实例。

罗森塔尔教授在"未来发展趋势测验"中随意圈定了一批小学生的名单，说他们是"最有发展前途者"。罗森塔尔向老师们宣布完大器晚成的学生的名单后，就消失了，再也没有和学生接触过。8个月后罗森塔尔的团队回来对这些学生的状况进行调研，结果奇迹出现了：凡是上了名单的学生，基本上成绩都有了较大的进步，且性格活泼开朗，自信心强，求知欲旺盛，更乐于和别人打交道。

"谎言"何以成真？对为什么会出现这种现象，罗森塔尔的解释是，教师对学生的期待往往具有神奇的力量，老师的期待可以让学生崭露头角并且提高成绩。当罗森塔尔指出某些学生是大器晚成的人才时，老师们就开始对这些学生产生了积极的期望，并用对待聪明学生的态度去对待他们。因为感受到老师对自己的期望，学生们也开始觉得自己是聪明的、优秀的，自信心得到提高，并按照聪明学生的标准去努力，最终成了学习成绩优秀的学生。

罗森塔尔根据这些实验结果提出了相应的心理学理论，也就是"罗森塔尔效应"，具体是指：人们基于对某种情境的知觉而形成的期望或预言，会使该情境产生适应这一期望或预言的现象。

罗森塔尔效应是在信任的基础上产生的人际需求心理现象。它既是一种教育心理效应，也可以成为一种高超的教育艺术。罗森塔尔效应在教育中（尤其在低龄孩子身上）屡见不鲜。全世界闻名遐迩的发明大王爱迪生，小学仅仅上了三个月就被劝退了，理由是"智力低下"，但他的母亲坚信自己的孩子决不会是傻瓜，他的母亲对他怀有非常真挚的、积极的期望，她经常对爱迪生说："你肯定要比别人聪明,这一点我是坚信不疑的,所以你要坚持自己读书学习。"爱迪生得到了母亲的心理支持，经过不懈努力，成为伟大的发明家，为人类做出了巨大的贡献。我们今天所享用的电灯、电影、留声机等不仅受惠于爱迪生的发明，也受惠于爱迪生的母亲无意中运用罗森塔尔效应所产生的神奇力量。

有句外国谚语说："漂亮的孩子人人喜爱，而爱'难看'的孩子才是真正的爱。"在一个班级里,学生的各方面表现必然存在差距,所以,古往今来,还有一个黄金定律,"爱全人类容易,爱每一个人难"。但师爱是教师的灵魂,爱生是教师的天职。作为教师,应该衷心地接受每一位学生,对优秀生或是"落后生"一视同仁,同样寄予真诚的期待和尊重。积极的期望会让每一位教师都创造出神奇,明天的瓦特、牛顿、爱迪生也许就在他的班级里。

在家庭教育中,有的家长总是能发现别人家孩子的优点,老是用别人家孩子的优点来对比、抱怨、批评自己孩子的不足,一味地埋怨孩子"笨"。其实这恰恰是孩子"笨"的一个重要原因。孩子的智力发展水平是不平衡的,家长要注意启发、帮助孩子改进学习方法。要知道利用罗森塔尔效应才是一种高智商的培养方法。

# 配套效应

## ——给学生一件有价值的"睡袍"

> "价值"这个普遍的概念是从人们对待满足他们需要的外界物的关系中产生的。
>
> ——（德国）马克思

18世纪法国有位哲学家叫丹尼斯·狄德罗。一天，朋友送他一件质地精良、做工考究、图案高雅的酒红色睡袍。狄德罗非常喜欢，可当他自我陶醉着、穿着这件典雅华贵的睡袍在屋里悠然自得地踱步时，总觉得有哪儿不对劲。寻思一番，发现了问题的症结：家具的式样太老土了，地毯的针脚也粗得吓人……各种摆设陈旧。于是为了与睡袍配套，旧家具旧物件先后更新，卧室、客厅、书房终于逐一跟上了睡袍的档次。但过了一段时间，他的心里另一种不舒服出现了，因为他自己意识到"自己居然被一件睡袍胁迫了"。后来，狄德罗把这种微妙的感觉写成一篇文章，题目是《与旧睡袍离别的痛苦》。

两百年后，美国哈佛大学经济学家朱丽叶·施罗尔在《过度消费的美国人》一书中，把这种现象称作为"狄德罗效应"，亦称作"配套效应"。在狄德罗的意识中，精美的睡袍是高贵典雅的象征，应该与高档的家具、华丽的地毯、豪华的住宅相配套，否则心里会感到"很不舒服"。这种配套效应为整个事物的变化提供了动因：当系统中任何一部分发生变化时，其他部分随之变化以便与其配套，从而促进了周围事物的变化发展和更新。

其实，中国古代圣贤早就知晓这一道理。

年轻的商纣王吩咐仆人为自己做了一双象牙筷子。叔父箕子见了，为之恐惧不已。别人问他怕什么，箕子回答道：用了象牙筷子，其他餐具当然不会再用陶制器皿，而要使用美玉制作；象箸玉杯所配的，当然也不会再是素菜，而会是象鼻、牛舌、豹胆一类的肉食；有了这样的美食，大王怎么会再穿着布衣在矮屋檐下用餐？他一定要穿着九重华服，建造富丽堂皇的宫殿，最终穷奢极欲……长此以往，商朝离亡国就不远了！

这则著名的"纣为象箸而箕子怖"典故与狄德罗效应含义相同。两者都告诉我们，人的内心中存有一种"配套"的意识，一旦面临与内心潜意识中的"配套"不一致的客观环境，就会产生心理上的不平衡。如：在家居装修时，我们安装了高级水晶吊灯，再铺塑料地板、挂土布窗帘，就会如同纣王使用着珍贵的筷子、觉得土碗陶杯太寒碜一般，觉得不相配和不舒服。所以人们在拥有了一件新的物品后，往往会不断配置与其相适应的物品，以达到心理认同方面的平衡。结果是，为了达到心理上的平衡，人们不断地追求与初始阶段被更新的事物相"配套"的事物或行为，整个系统最终在这种"配套"的追求下达到一个新水平上的新平衡。

在教育中，配套效应可以带来好的结果，也可以带来不好的结果，这取决于所参照的"睡袍"的价值。如果我们在精神、文化、道德上给孩子的是劣质的"睡袍"，那么，你就别想孩子的行为有多高尚。如果我们给孩子的是有价值的"睡袍"，那么，孩子会努力配置好的习惯。

有价值的"睡袍"可以促使孩子为了与之配套而产生一系列好的或者对成长有利的行为表现。例如，学校有组织地让高年级的孩子做低年级弟弟妹妹的"小老师"（班级辅导员），这些被聘为小辅导员的孩子为了像个小老师的样子，就会更认真学习知识，以便更好地辅导低年级学生，他们的言行举止也会尽量地文明、礼貌，起到表率的作用。再如教师平时提醒学生："你衣服穿得这么干净，手为什么这么脏呢？""你文章写得这么漂亮，字如果写得再好些就更好了。""你平时这么有礼貌，上课纪律这么好，要是早操也一样认真该多好呀！"等诸如此类，都是很好地利用了配套效应。

此外，在运用配套效应方面，要尽量减少诱导不良行为的"睡袍"。在日常教育教学中，教师要注意观察和分析由于受到周围环境等因素的影响，学生的一些看似很偶然的不良表现，要在其行为发展过程中仔细寻找这些行为的诱因，即寻找那件隐藏着的"睡袍"。因为，从学生的成长过程看，无论是好的行为还是不良的习惯，都可以找到引起这一行为的相关"睡袍"。如有位学生，平时表现不错，可有一阶段他突然开始偷偷喝酒，并出入网吧沉溺于游戏。老师通过接触和了解后知道，原来他在一次考试中漏做了卷子反面的两道大题，成绩不及格，遭到了家长的狠狠批评，"我看你就是笨，连题目都会漏做"（其实，漏做题目与头脑笨不见得有必然联系）。于是他开始对自己不自信，感到生活很黯淡。年级中几个平常不爱学习且经常违反纪律的学生见他情绪低落，就约他一起出去喝酒、玩游戏机。他感激那些朋友的讲义气，他的行为方式也渐渐与那些朋友趋向一致。仔细分析，这个学生选择的"配套"是不良的，但当他的所有言行开始与他们那个小团体相一致时，他的心理获得了一种平衡与满足。因此在班级管理中，老师要十分用心地关注学生变化，防范诱导不良行为的"睡袍"的出现。在发现可能诱发学生不良行为表现的"睡袍"后，要及时介入，耐心细致地做好各种教育工作，从学生的需要出发施加教育影响。在学生出现了问题之后，要弄清楚事情原委，在关心、尊重学生的前提下，动之以情、晓之以理、导之以行，让学生能自觉地接受教师的教育和要求，从而避免或减少学生不良行为表现的衍生发展，促进学生健康成长。

再有，应为学生多准备几件质地好、颜值高、款式雅的"睡袍"。学生的行为发展与变化受到多种因素的影响。处在不同的行为发展阶段，学生的思想认识、行为要求及内心体验各不相同，会出现不同的教育时机。如果能及时加以引导，往往有利于帮助学生改掉不良的行为习惯，收到更好的教育效果。因此，老师要根据学生的特点合理地设置目标，适时地送给学生一件能促使行为转变的正能量的优质"睡袍"，激发起学生自我转化的内在动因，实现行为配套的良性攀升，从而增强教育的效果。

# 惩罚效应
## ——避免负面心理效应

> 不是锤的打击，而是水的载歌载舞，才使鹅卵石日臻完善。
>
> ——（印度）泰戈尔

约翰·詹姆士·麦克劳德是一个精力充沛、探究欲望强烈的男孩。在他读小学时，一天突发奇想："狗的内脏究竟是什么样的？"为了亲眼看一看，他就串通几个同学在学校附近偷偷套住一条狗宰杀了，并把内脏一件件地掏出来观察。

谁知这条狗并不是没有主人的流浪狗，它恰恰是校长家的宠物！"简直是无法无天，不加以惩罚绝对不行！"校长知道后很生气。

很快，校长处罚决定出来了：罚麦克劳德画一幅狗的骨骼图和一幅血液循环图。麦克劳德自知理亏，甘愿受罚。于是，他非常认真地按要求画好两幅"受罚图"交了上去，并准备再接受别的惩罚。哪知，校长和老师看后都觉得画得很好，没有再给他其他处罚，杀狗事件"不了了之"。这以后，麦克劳德对解剖学的兴趣高涨，致力于这方面的研究，终于成了著名的解剖学专家。他和医学家班廷一起发明了治疗糖尿病（当时属于不治之症）的新方法，这就是胰岛素治疗法，并因此荣获了诺贝尔医学生理学奖。

当年还是小学生的麦克劳德画的那两幅画现在由英国皮亚丹博物馆收藏。

这位校长惩罚犯错学生的高明之处在于，他在让学生在接受教训、不致重犯类似错误的同时，不但没有让受惩罚的学生因此丧失自尊心和进取心，反而朝着健康的方向发展自己的爱好与特长。这样的惩罚实际是教育人、改变人的手段，能够取得正向的极为理想的教育效果。

心理学研究证明，惩罚是一种教育，它作为一种外部诱因，可以激发学生对错误行为产生羞耻感和负疚感，帮助学生分清是非，学习接受生活规则。可是，由于惩罚是教师或学校向学生施加的具有一定压力的否定评价，这是学生所不喜欢的，所以如果惩罚不当，很容易产生负面心理效应。

批评与惩罚在怎样的情况下容易产生负面心理效应呢？根据《教师行为优化教程》（傅道春编著）一书的论述，从人际环境看，有9种人际环境易使学生产生负心理效应：在全班同学面前批评；在全校同学面前批评；在陌生人面前批评；在异性同学面前批评；在众多老师面前批评；在学校领导或上级领导面前批评；在其好朋友面前批评；在家长亲人面前批评；在行人过往多的地方批评。从时间环境看，9种易使学生产生负面心理效应的时间环境是：学生盛怒时；学生焦虑时；学生抑郁时；学生悲痛时；学生冤枉时；师生感情有隔阂时；学生思想出现反复时；学生对教师有成见、发生误解时；情况没调查清楚时。从语言环境看，凡是学生听了在心理上难以接受的、不能心服口服的语言，都易使学生产生负面心理效应，归纳起来也有9种：不中肯、大声训斥的语言；讽刺挖苦的语言；揭短、羞臊人的语言；言过其实不切实际的语言；报复性的语言；有失教师身份的语言；出口不逊谩骂的语言；絮絮叨叨无休止的语言；褒彼贬此的语言。这些环境下的批评，都会不同程度地伤害学生的自尊心，使学生对教师产生逆反心理，恶化师生关系，削弱或抵消教育效果。所以，教师在批评教育学生时要尽量避开上述这些具体环境。

卢梭说过："我们不能为了惩罚孩子而惩罚孩子，应该使他们觉得这些惩罚正是他们不良行为的自然结果。"惩罚是为了更好地教育，惩罚又是一种高难度的教育技巧。如果必须进行惩罚，则应注意惩罚的频率和时间。从心理学的研究结果看，当奖惩的比例为5:1时效果最好；从进行惩罚的效果看，实施惩罚以稍慢为宜，间隔一段时间能促使其冷静下来，能促使其自我反省与检讨。

# 扇贝效应
## ——奖励也有技巧

> 奖励什么，就会得到什么。
>
> ——（美国）米契尔·拉伯福

寒温带针叶林与阔叶林混交边缘的一片湿地，居住着一个海狸家族。近来，家族首领海狸奶奶发现，海狸们寻找回来的食物越来越少。经调查发现，原来是一部分海狸贪玩所致。于是，海狸奶奶规定，完成一定数量的海狸奖励芦苇根。海狸们的工作效率顿时大增，食物的库存量开始充足。

一段时间后，海狸奶奶见库存充足，就取消了奖励制度。海狸们马上热情尽失，谁也不愿意再去找食物。没办法，海狸奶奶只好恢复了奖励制度。

一天，小海狸"闪电"没能完成当天的任务，它的好朋友"机灵"主动把自己采集的水浮莲和蒲草送给它。海狸奶奶看见了，为赞赏"机灵"助人为乐，给了它双倍的奖励。其他海狸们不满意了，"凭什么我干得多，得到的奖励却比'机灵'少？"有的说"我这一次干得多，得到的却比上一次少，这也太不公平了吧？"

海狸奶奶无奈之下决定换一个方法，她宣布，凡是愿意为海狸群作重大贡献者，可以立即领走一大捆芦苇根。报名应征者好不踊跃。谁料，报名并领走一大捆芦苇根的那几个海狸，居然没有一个能如期完成任务。海狸奶奶气急败坏地叱骂它们，别的海狸在一旁嘀咕："这不能怨它们呀，芦苇根既然已经到手，谁还有心思去干活呢？"

这是一个童话故事。海狸奶奶的芦苇根让小海狸们群情激昂过，也让它们牢骚满腹埋怨过，甚至还引起了风波。

在心理学上，奖励某一行为，导致这一行为频繁出现，这就叫作强化。海狸奶奶的芦苇根就是强化物，是对海狸们做出某一期望行为的奖励。美国心理学家斯金纳在白鼠实验中发现，如果每隔20秒就对白鼠强化一次，白鼠在下次强化到来之前反应会达到高峰。说明它学会了根据强化的时间进行反应。白鼠的行为效率趋势图就如扇贝一样，因此，我们称这种现象为"扇贝效应"。

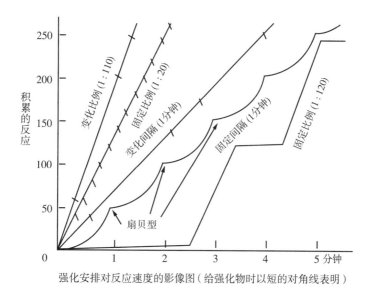

强化安排对反应速度的影像图（给强化物时以短的对角线表明）

扇贝效应告诉我们，连续的固定时间的固定奖励不一定能维持新的行为；没有"芦苇根"奖励时，个体就会"热情尽失"，继而罢工；得到"芦苇根"后，个体就"没有心思去干活"了，直到下一个"芦苇根"的到来。

扇贝效应虽然是在用动物做的实验中得出的结论，但被赋予人性的海狸奶奶的管理足以反映管理者的尴尬境地。下面是儿童教育中的典型例子：小勇每到周末都会帮助班级里执勤的同学一起做完清洁卫生工作再回家，但是这两周他突然"罢工"了。老师询问后恍然大悟：由于太忙，班会课时忘记了给小勇颁发小红花和表彰。补颁小红花和表彰不是难事，令老师困惑的是：适当的奖赏，是为了培养孩子助人为乐、热爱集体、从小爱劳动的好习惯，但现在变成了没有奖励就不干了。到底怎样才能用好奖励，最终形成孩子良好的习惯呢？小勇的问题应该是很多老师或者家长都有的困惑吧！其实，这就是扇贝效应的表现。

那么在教育孩子的过程中，我们是不是应该彻底避免这种连续的、固定时间的强化呢？不！虽然在长时间的过程中，持续地应用连续的、固定的强化会产生扇贝效应，但是，在新知识、新行为、新习惯的初始学习阶段，连续的、固定的强化还是必要的，这能够让学生很容易地完成要求的任务，尽快地得到奖励。但是，当学生的学习或者行为达到了一定的程度，就要不断延长强化的间隔时间，直到最后撤销强化。在延迟强化的过程中，还可以变化间隔的时间，从而避免学生专心等待强化。


读初中一年级的扬扬在家里做作业时总是喜欢分心。爷爷奶奶说话他要插嘴，楼下有动静他要从窗口探出头去看，门铃响了他总是第一个冲过去；实在没什么事，他就一会儿偷偷打开电脑瞥几眼，一会儿偷偷打开电视机瞅瞅。做作业的时间常常被他"肢解"得七零八碎，又拖沓、又影响了作业质量。妈妈告诉他，如果你能在做作业时不再分心就可以得到一朵小红花作为奖励，集满五朵小红花可以奖励一顿肯德基。扬扬很愿意，集中精力做作业的时间明显增加。过了一段时间，妈妈鼓励他说，你做得非常好，为了帮助你养成这样一个良好的习惯，我不是每次都奖励了，如果你在比较长的一段时间内都能集中精力做作业，我就奖励你更喜欢的奖品。妈妈给予扬扬奖励的间隔时间越来越长，慢慢地，扬扬养成了好习惯，即使没有奖励，他也能专心做作业了。


长时间地使用同一种强化物会使孩子失去新鲜感，感到厌烦，这也就失去了强化的作用。也许孩子会向你埋怨道："哎呀，妈妈！总是奖励我肯德基，我都吃得腻死了！"如果下次你还是奖励孩子肯德基，孩子真有可能会为了避免吃肯德基而故意做出令你失望的行为。所以，我们要注意强化物的多样性，要有不同的强化物，要有与时俱进的强化物。

强化物可以是物质的，也可以是精神的。就像前面的海狸奶奶奖励助人为乐的小海狸"机灵"时，完全可以用精神表扬的方法，既能鼓励"机灵"，也能避免其他海狸产生"不公平"感，一举两得，何乐而不为？

我们要记住，"芦苇根"有许多种类，并不仅仅是肯德基。

最后，奖励也要合理。孩子是"聪明"的，面对家长提供的奖励，他还会讨价还价。有的孩子叫嚷道："我不要再吃肯德基了！你奖励我一部滑板车！"这个要求父母还可以接受。过了一段时间，他又会叫嚷道："下次你要奖励给我一台电脑，不然我不干了！"父母无奈之下，也同意了。又有一天，他对父母说："奖励给我一辆摩托车，不然我不干！"扇贝效应因为孩子要求的不断提高而重新闪现了。面对孩子不断增长的要求，父母感到很无奈，埋怨"这熊孩子真不听话，不好管！"仔细想想，父母也是有责任的。哪个孩子没有攀比心理？哪个孩子不想要最好的东西？这时父母应该分辨清楚哪些要求是可以满足的，哪些要求是不可以的。要让孩子知道，虽然是奖励，但决不能满足他的不合理要求。如果孩子知道家长的态度坚决，也就知难而退了。


双休日，在上海迪士尼乐园，小峰玩了"小飞象""喷气背包""幻想曲旋转木马""雷鸣山漂流"等之后，到了该回家的时候了，但他非要回去排队再玩一趟"幻想曲旋转木马"，用坐在地上大哭来要挟。妈妈生气了，说"你不走我走了！"说完，转身就走了，小峰的哭声更大了。妈妈忍不住转身回来，抱起小峰，心疼地哄他说："不哭了，不哭了。"同时还无奈地埋怨说："真拿你没办法！再玩一次吧，以后不可以！"孩子从此知道了如何"要挟"的秘密。

另一位妈妈告诉孩子"再玩可能要来不及赶火车"的道理后，听到孩子哭得更厉害了，她头也不回地走开了，躲到不远处孩子看不到的地方观察着他，虽然她也心疼孩子。孩子从手缝里偷眼看，妈妈果然不管自己了，也害怕起来，立马停止了哭声，抹了抹眼泪，站起来跑着去找自己的妈妈。从此，他明白了提出不合理的要求，哭闹也没有用。

无奈的父母们现在是否知道了孩子"猖狂"的原因？在奖励孩子时，一定要注意孩子提出的要求的合理性，满足不合理的要求只会助长孩子的坏行为，而不会养成好习惯。

在学校里，一些固定的流程会使学生产生扇贝效应，比如，固定时间的程式化的单元、期中、期末考试，会造成学生突击复习，并不利于知识的掌握。这时，老师就要想办法打破这种扇贝效应，比如，课课"及时反馈"、周周"温故而知新"，学生就会改变学习习惯，认真学懂每一课的知识。

教师和家长在打破扇贝效应带来的负面影响时，还可参考以下原则：

客观性原则。评价必须客观公正，这是首要原则。

导向性原则。教师和家长赞赏什么、忽略什么、反对什么，将直接影响孩子的是非观和价值观。

及时性原则。孩子对师长的评价存有期待心理，教师和家长要及时地捕捉孩子的闪光点，及时地对其优秀表现作出评价、夸奖。

激励性原则。心理学实验证明：表扬、鼓励和信任，往往能激发一个人的自尊心和上进心。但奖励学生的原则应是精神奖励重于物质奖励，奖励应力求调动学生的积极性和创造性，激励学生的自信心和进取意识。

# 合作效应

## ——通往成功的"绿卡"

> 人们在一起可以做出单独一个人所不能做出的事业；智慧、双手、力量结合在一起，几乎是万能的。
>
> ——（美国）韦伯斯特

有一个天真可爱的小男孩很好奇地狱和天堂到底是什么样的，有什么不同？就去请教一位智者。智者微笑着向他展示了两幅图画：第一幅画面呈现的情景是许多人围在一个盛满食物的池子旁，每人手持一把手柄很长的勺子舀食物吃，却怎么也送不到自己的嘴里，人们都露出饥饿、焦急、绝望的表情；第二幅画面也是同样的池子，同样的食物，同样的勺子，所不同的是，这里的人们相互之间其乐融融，你舀食物给我吃，我舀食物给你吃，个个精神矍铄，红光满面，神采飞扬，充满愉悦快乐。智者指着两幅画面，微笑着对小男孩说："这就是地狱和天堂的区别。"

《地狱和天堂》的故事告诉我们地狱和天堂的根本区别在于：地狱里的人非常自私，天堂里的人充满友爱。极端化的自私导致恶性的嫉妒，要想摆脱地狱中的窘境，就要去除心理上和行为上的极端自私与恶性嫉妒。极端化的自私将引导你通往地狱之门，合作则共赢，合作是在天堂中幸福生活的绿卡。

在自然界里，我们常看到这样的现象：当一株植物单独生长时，会显得单调、没有生机、容易枯萎，而众多植物一齐生长时，它们则根深叶茂，生机盎然；每到天高云淡的秋季，大雁从北方成群结队地飞去南方过冬，为在长途飞行中最大限度地减少体力的损耗，雁群常常排成人字形或一字形的队形。人类社会中，在诺贝尔奖设立的第一个 25 年，通过合作研究而获奖的科学家占 41%，在第二个 25 年则达 65%，在第三个 25 年内更上升到 79%……

耐人寻味的《地狱和天堂》的故事，说明合作的重要。植物共生、大雁排阵、精英合作科研，也给我们许多启示。在学习工作中人们同样不难悟出一个深刻的道理：要达到一个远大的目标，必须群策群力结伴而行；要更有效地学习，必须进行更有效的合作。

曾有一个外国代表团对中国三名小学生进行了关于合作意识的测试。他们拿出一个瓶肚很大，瓶口很小的玻璃瓶子。三个直径稍稍小于瓶口的小球躺在瓶底，小球上各系有一根丝线，丝线蜿蜒从瓶口延伸到瓶外。外宾让三位小学生各捏住一根丝线后，宣布了游戏规则："这个瓶子代表一口枯井，这三个小球分别代表你们三个人。你们正在井里玩，突然枯井里冒出水。水涨得很快，你们必须赶快逃命，否则会被淹死。但井口很小，每次只能跑出一人，七秒之内谁还没有逃出去，就会被淹死在井里。" 随着一声"准备——"，气氛突然紧张了起来，好像死神就在一旁徘徊。三位中国孩子互相示意了一下。 "计时开始！"只见年龄最小的那位女孩很快从瓶里拉出了自己的球，接下来是那个男孩，他看了一眼比自己大的女孩后，迅速地将自己的球提出瓶口，最后是那位高年级的女孩，她动作从容敏捷，全部时间不到 5 秒。外宾惊呆了，本可能是一场争先恐后、狭窄瓶口处被堵塞的游戏，竟这样迅速而平静地结束了。他们赞叹道："中国孩子真是了不起！"

精诚合作，大家共赢。

从社会心理学角度看，竞争的确是人与生俱来的一种天性，每个人都希望自己比别人强，人们在面对利益冲突、甚至即便是双方有共同利益时，往往会优先选择竞争，而不是选择对双方都有利的"合作"。但是"合作效应"告诉我们：在社会高速发展的今天，个人的力量和个人的智慧如同沧海一粟，合作的意识和能力则是现代人应具备的基本素质。合作学习能培养学生的合作精神，掌握与他人沟通的技巧，形成良好的人际关系，促进学生人格的健全发展。

叔本华说："单个的人是软弱无力的，就像漂流的鲁滨逊一样，只有同别人在一起，他才能完成许多事业。"合作力量大！教育学、心理学表明，合作是很好的学习方式，在班级中与他人合作学习比单独学习的成绩好得多。家长明白了这个道理，就要让孩子在集体中努力与他人合作，在互助合作中提高与成长。

在中小学的学习生活中，注意充分发挥童心世界里的小群体的积极作用，对孩子们一生的健康成长都会有好处的。

# 红苹果效应

## ——身教胜于言教

> 教诲是条漫长的道路，榜样是条捷径。
>
> ——（古罗马）塞涅卡

教师札记"育人就在一瞬间"：

走进教室，闻到一股莫名的味道，仔细寻找，乃是从饮水机的接水槽散中发出来的。询问学生，得知原来是昨日有同学将杯中的牛奶"残余"倒进了接水槽，加上课间同学接水，洒漏的热水加变质奶，酿出了一股异味。

我想，解铃还须系铃人，给孩子们一个做好事的机会吧。于是我叫学生打开窗户，教室里的空气清新了不少，我漠然地说了一句："下课后把接水槽里的水倒掉。"30分钟的一节课就在这股异味时时侵袭中结束了，下课时我当然没有忘记再交代一句要倒掉接水槽中的变质"奶水"，因为下一节还是我的课，我可不愿意继续闻这股味道。

上课铃响了，当我踩着铃声走进教室，心里猜测着可能是谁倒掉了"奶水"时，那股异味依然扑面而来，好像比以前更浓烈了。我火冒三丈，大声斥责道："为什么没人去倒，难道你们觉得好闻吗？"同学们没人吱声。

"班长呢？站起来！说说这是为什么？"

"大家都嫌脏。"班长怯生生地说。

闻听此言，我目瞪口呆，脸唰地就红了。我为学生感到遗憾，为自己感到可耻。是啊，我一向以师长自居，只知一味地要求学生做这做那，而自己早已变得麻木不仁，却还要摆出一副长者的面孔，板着脸数落学生的不是。为什么不问问自己——你为学生作出榜样了吗？

我默默地走到饮水机前，慢慢地取下接水槽，"奶水"溢出，洒到我的手上、溅到我的裤腿上，但我觉得并不是那么难闻，似乎有一种淡淡的奶香。我小心地端着接水槽准备去厕所倒掉，刚走到教室门口，就被几个懂事的孩子接走了，他们不但倒掉了"奶水"，而且把水槽洗得干干净净拿了回来。

"身教胜于言教"，教师的榜样作用是无穷的。有时我们无须对学生讲太多的道理， 因为育人往往就在自身行为的一瞬之间。

心理学上有一个"红苹果效应"，就是告诫人们在教育孩子时，除了言教，更要重视以身作则的"身教"。

所谓红苹果效应源于一个有趣的心理实验：

实验者把参与实验的许多对母子分成两个小组。要求 A 组的母亲将两只红苹果中的一只递给儿子，并郑重其事地对儿子说："这只苹果一点也不甜，你不能吃。"然后，母亲手持另一只苹果，很快离开房间。试验在一对对母子间持续进行，统计实验的结果表明，凡是 A 组的孩子很少有经受不住诱惑而吃苹果的。与 A 组不同的是，B 组的母亲对儿子说完同样的话之后，自己却拿起一只苹果，当着儿子的面，一边吃着一边离开房间。于是在不到 5 秒钟的时间里，有90% 的孩子经受不住诱惑，也仿效母亲吃了那只苹果。

因为这一实验的载体是红苹果，所以称为红苹果效应。

榜样是社会道德伦理的化身，具有一定的心理暗示作用。教师、家长是孩子心目中理所当然的榜样与楷模，他们的语言是有声的行动、他们的行为是无声的语言，教师与家长的语言应当令孩子信服、家长与教师的行动应当令孩子佩服。教师与家长的人格形象在教育中有巨大作用和显著效果。当教师、家长做出道德行为示范时，孩子往往会跟着仿效；当教师、家长边抽着烟、边教育孩子"吸烟有害健康，你不知道吗？"这样的批评教育往往是无效的。要培养孩子优秀的品行，教师与家长首先要以身作则，给学生做出榜样。

　　因此，在日常的学习与生活中，教师和家长都要领悟红苹果效应的道理，切实落实"身教胜于言教"的教育准则，引导学生在生活实践中把道德认知自觉地转化为道德行为。

# 赏识效应
## ——人的内心渴望

> 人性最深层的需求就是渴望别人的欣赏和赞美。
>
> ——（美国）威廉·詹姆士

南京有一位名叫周婷婷的女孩，她出生时听力就有些问题，后来在一岁半时因使用庆大霉素药不当，致使双耳全聋。可是在父亲的耐心指导下，小婷婷6岁时已识字2000个，能说一口流利的普通话，还学会了通过看口型与人交流；8岁时写出了6万字的童话故事；16岁被辽宁师范大学教育系录取，成为中国第一个少年聋人大学生；17岁被评为全国自强模范；18岁主演了取材于两位残疾姑娘真实故事的影片《不能没有你》。

其实，周婷婷的父亲周弘并不是教育专家，只是一个工厂的普通技术员。一位心理学家说过："教育孩子没有什么窍门，只要赞美他们。"据周弘介绍，第一次让女儿做应用题，10题她只做对了一道。但是，父亲还是在婷婷做对的那道题上打了一个大大的红勾，然后在白纸上写下一行字："你太了不起了，第一次做应用题就对了一道，爸爸像你这样年纪的时候，碰也不敢碰呢。"8岁的婷婷看了十分兴奋，学习兴趣大大提高，升初中考试时数学居然考了99分。婷婷写的作文，只要有一个句子写得好，父亲也会用红笔把它划下来，吃饭的时候，让婷婷当着全家人的面朗读，大家一起为她欢呼……

当人们询问周弘成功教育孩子的秘诀时，他说是"赏识教育"。他说："哪怕所有的人都看不起你的孩子，你也应该饱含热泪地欣赏他们，拥抱和赞美他们。"

赏识实质上是对一个人价值的肯定。而得到了你肯定评价的人，往往也会怀着一种潜在的快乐心情来满足你对他的期待。这种现象在心理学上叫做"赏识效应"。

一个人在微信朋友圈里发送了一首小诗或一帧摄影作品，圈友们点个"赞"，于是这个人开始发送更多、更好的作品，这就是赏识效应。生活中，人人都需要赏识，人人都渴望品尝赏识的滋味。赏识属于精神食粮，属于生机，属于人间温情……没赏识，就会产生精神的失落。

赏识是为人之道，也是为师之道。心理学家威廉·詹姆士说："人性最深层的需求就是渴望别人的欣赏和赞美。"人的心理需要一旦得到满足，便会产生积极向上的原动力，这时许多潜能就容易被激发出来。处于身心成长期的学生更是如此，教师的赏识如同阳光、空气和水一般，是学生成长不可缺少的动力之源。人类天性的至深本质是渴求为人所重视，教师如能把注意力集中到发现和赏识学生身上的真善美闪光点上，真善美的东西就会越来越多，学生的表现也会越来越好。学生也会感受到他们的世界里充满阳光、充满爱。卡耐尔说："使一个人发挥最大能力的方法是赞赏和鼓励。"陶行知先生说："教育孩子的全部秘密在于相信孩子和解放孩子。"因此，一定要赏识孩子，没有赏识就没有教育。

中外历史上因赏识效应而成大器者不乏其人。

"这位青年人如果能继续写下去，他的前途一定不可限量"，《童年》这篇列夫·托尔斯泰的信笔涂鸦之作得到了屠格涅夫的赏识，激发了托尔斯泰对自己写作的信心，最终使他成为俄国的大文豪。

奥古斯特·罗丹在屡遭挫折之时，由于姐姐、工艺美校老师勒考克、修道院院长，包括模特儿兼后来伴侣的罗丝等先后多人的赏识与鼓励，最终成为19世纪法国伟大的雕塑家，成为西方近代雕塑史上继往开来的一代大师，他的雕塑作品《思想者》成为现代世界上最著名的塑像。

　　著名作家丁玲的第一篇小说，被叶圣陶看中发表出来，激发了她对文学的酷爱热情，选定了文学作为她终身的事业。

　　难以枚举的案例都有力地印证着赏识效应的巨大作用。

　　赏识，更是照在孩子们心上的一束灿烂的阳光。她带给他们情感上的温馨，她带给他们学习的自信。

# 马太效应

## ——警惕教育中的"差者更差"

> 让每一个孩子在学校里都能抬起头来走路。
>
> ——（苏联）苏霍姆林斯基

《新约·马太福音》中有这样一个故事：一位主人要出远门，临走之前，将他的财产委托给三个仆人保管。主人还给了第一个仆人5个塔伦特（古罗马货币单位），第二个仆人2个塔伦特，第三个仆人1个塔伦特。

主人走后，第一、第二个仆人用主人给的钱做买卖，分别赚了5个塔伦特和2个塔伦特。第三个仆人则把他的1个塔伦特小心翼翼埋到了地下。

过了一段时间，主人回来了。拿到5个塔伦特的仆人对自己的主人说："主人您看，您交给我5个塔伦特，我又赚了5个。"

"做得好！你是一个充满自信又有能力的人。我会让你掌管更多的事情。体会做主人的快乐。"

同样，拿到2个塔伦特的仆人对主人说："主人，您交给我的2个塔伦特现在变成4个了。"

主人表扬道："做得好！我会让你掌管一些事情。"

拿到1个塔伦特的仆人最后也来汇报了，他说："主人，我害怕失去那个塔伦特，于是就把钱埋在了地下，现在一点都没少。"

主人转身对其他仆人说："夺下他的1个塔伦特，交给那个赚了5个塔伦特的人。"

"凡是有的，还要给他，使他富足；但凡没有的，连他所有的，也要夺去。"

人们对已有相当声誉的科学家作出的贡献给予的荣誉越来越多，而对于那些还没有出名的科学家则不肯承认他们的成绩。20 世纪 60 年代，著名的社会学家罗伯特·莫顿针对这一现象，联系上述故事，归纳出了"马太效应"。罗伯特·莫顿说："相对于那些不知名的研究者，声名显赫的科学家通常得到更多的声望，即使他们的成就是相似的；同样地，在同一个项目上，声誉通常给予那些已经出名的研究者，例如，一个奖项几乎总是授予最资深的研究者，即使所有工作都是一个研究生完成的。"

马太效应在我们的日常生活中普遍存在：原来任何个体、群体或地区，一旦在某一方面获得成功和进步，就会产生一种积累优势，就有更多的机会取得更大的成功和进步。有一幅题为《成名以后》的漫画：编辑指着某著名青年作家身旁的满满一纸篓废稿说："这些我们全都发表。"漫画寓意：一个人若出了名，他的研究成果，包括曾经的"退稿"、粗制滥造的"废稿"，顿时也成为价值连城的、收藏者趋之若鹜的"原创手稿"，甚至他的一言一行也都成了科学论断、人世规范和名人名言，身价自然翻倍！犹如爱因斯坦所形容的："我每每小声嘀咕一声，也变成了喇叭的独奏。"

社会心理学家认为，马太效应是既有积极作用又有消极作用的社会心理现象。在教育活动中，马太效应的作用也十分明显。

学习成绩好、聪明伶俐，甚至是长得俊朗漂亮的学生，都有可能比别的学生更受赏识。老师表扬、同学羡慕，回到家中也备受宠爱，使他获得了比他人更优越的成长环境；而一个成绩差又调皮的学生，可能受到老师的忽略、同学的歧视。学习成绩好的学生更容易考上好高中、好大学，毕业求职也更加容易；成绩不好的学生只能上普通高中，考上好大学的概率要低一些，毕业求职也会受到影响。再从性格看，自信心强的学生敢争天下先，获得的机会比别人多，获得新的成功概率也大；缺乏自信心的学生处处退缩，使得自己处处受限，慢慢地，其性格甚至会变得更加自卑、自闭。就像晚点的火车要不断地给快车和正点的火车让路一样,一步不赶趟,步步赶不上。古人曰"宁为鸡口,毋为牛后",也从另一个角度诠释了马太效应。

马太效应客观存在。但在教育中,教师要尽力防范马太效应的消极作用:那些不被赏识的孩子容易产生怨艾自卑的情绪,甚至自暴自弃,从而丧失自我发展的最佳心理环境与客观环境,并造成与教师的情绪对立。为了避免马太效应对孩子的消极作用,老师应采取公正客观的态度,赏识与厚爱每一个学生,以避免不公正现象的产生;在教学方面,目前"小组合作学习"是普遍采用的形式。在小组合作学习中,学习能力强的学生发言机会就多,而发言机会愈多能力也愈强,学习能力弱者则相反。合作学习虽不排斥竞争,但教师如果一味放任小组成员间自发无序地竞争只会导致不均衡的加剧,因此在小组合作学习框架下,一定要积极引导和组织同学间的互相帮助。

父母要帮助孩子保持清醒的头脑,认清自己:每个人都有自己的长处,但不能忘乎所以,同时有自己的短处,亦无须自暴自弃。父母要教育孩子不要苛求公平,事事苛求百分百的公平,就是自己和自己过不去。要把注意力放到自身的努力上去,放到当前的主要任务上去。

如果孩子能够认清自己,正确认识社会,辩证地看待事物的发展,就能乘坐上马太效应积极作用的快车、同时摈弃马太效应的消极影响,心情愉快、心理健康地学习、生活、交往,为以后的发展打下良好的基础。

# 南风效应之一

## ——陶行知的四块糖

> 任何一种教育现象，孩子在其中越少感觉到教育的意图，它的教育效果就越大。
>
> ——（苏联）苏霍姆林斯基

法国作家拉·封丹曾写过这样一则寓言：

北风性情暴烈，南风柔和。一天北风和南风打赌，看谁的力量更强大，他们决定比试谁能把行人身上的大衣脱掉。北风先来，它鼓足劲呼呼地吹着，直吹得大地萧瑟、寒冷刺骨，哪知道，风越刮，天越冷，行人把大衣裹得越紧。接下来是南风，南风徐徐吹来，轻柔温暖，行人顿时如沐春风，仿佛感受到和煦的阳光，身上渐渐暖热，于是解开纽扣，继而脱下了大衣。结果是逞强好胜的北风输给了温文尔雅的南风。

人们把这种以启发其自我反省、满足自我需要而达到目的的做法称为"南风效应"。南风效应告诉我们：人们会本能地抵御寒冷的打击，却没有人会拒绝温暖的抚慰。南风之所以能达到目的，就是因为它顺应了人的内在需要，使人的行为变为自觉。

有教育家曾经说过：当孩子犯错误时，我们应该先把孩子从错误的阴影中带出来，带他们走向温暖的"阳光"，让他们自己解开心锁。这就是说老师要尊重和关心孩子，要用温暖的"南风"缓缓吹掉他们紧紧裹着心灵的自我保护的"大衣"，再心平气和地分析孩子的错误，以恰当的方法去引导他们自我反省，最终帮助孩子改正错误。随着人类社会和文明发展到一定阶段，依法治国的理念深入人心，法律及规章制度越来越健全。但同时，道德、教育和情感等的作用仍然不容忽视，在日常生活中大量的问题并不属于用强硬处理办法来强制解决的问题，在青少年教育上尤其如此。

陶行知先生在担任某小学校长时，有一天看见学生王友用泥块砸自己的同学，他当即制止了王友，并令他放学后到校长办公室来。放学时陶行知来到校长室，发现王友已等在门口。陶行知立即掏出一块糖果送给他："这是奖给你的，因为你按时来到这里，我却迟到了。"王友带着怀疑的眼神接过糖果。陶行知又掏出一块糖果放在他手里："这也是奖给你的，因为我让你不再打人时，你立即就住手了，这说明你很尊重我。"接着陶行知又掏出第三块糖果塞进王友手里："我调查过了，你砸他们，是因为他们欺负女学生。这说明你很正直，有跟坏人作斗争的勇气！"王友哭了："你打我两下吧，我错了，我砸的不是坏人，是我的同学呀……"陶行知满意地笑了，他随即掏出第四块糖果递给王友："为你正确地认识错误，我再奖给你一块糖果……我的糖奖完了，我看我们的谈话也该完了。"

揣着奖励来的糖果离开了校长室，此刻王友内心的感动不难想象。学生打人了，校长没有批评、没有斥责、没有让学生写一份检查，更没有唤家长来校"共同教育"。四块糖不仅让学生认识到了错误，更发掘了学生的四个优点：守时、尊重人、正义感和勇于认错，同时也达到了让学生认识自己错误的目的。这就像那徐徐南风拂过学生心灵，吹去了细小的灰尘，留下一份温暖，培育了一份感动。

试着想象一下，假如刮起呼呼北风，不分青红皂白一顿批评，再对因怨恨不服导致的辩解扣上一顶"态度不好"的帽子，最后给砸泥块的学生一个处分！后果又会如何？这"呼呼北风"只能引起孩子的不良情绪和逆反心理，既不利于改正错误，也不利于孩子的身心健康。王友可能从此会成为一个与教师对抗的"破坏分子";他可能被贴上"坏孩子"的标签,顶着"捣蛋鬼"的帽子,自暴自弃,破罐子破摔。

古语有云"教者也,长善而救其失也""数其一过,不如奖其一长",说的也是这个道理。面对犯错的孩子,教师最好对他们多一分宽容和尊重,多一分理解和分析启迪。

"南风"有效应,是因为"南风"饱含着真诚和信任,让人的内心不得不受到感触、感动终至感化。试一试"南风"吧,它看起来平淡无奇,却能以柔克刚,能解开孩子的心锁和触及孩子的心灵。

# 南风效应之二
## ——我擦掉了黑板上的"秃顶人像"

神的巨大威权是在柔和的微风里，而不在狂风暴雨之中。

——（印度）泰戈尔

"谁能把行人身上的大衣刮掉？北风狂暴，行人为抵御刺骨寒风，大衣越裹越紧；南风徐徐，行人觉春暖而解衣。南风获胜。"这个寓言深刻地告诉我们：欲速则不达。感人心者莫乎情，和风细雨有时候要强于暴风骤雨。心理学上将"以启发自我反省、促使唤醒内心良知、满足自我需要而产生的心理转变"的现象称为"南风效应"。

践行南风效应，在家庭教育和学校教育中都非常重要。学会和风细雨、因势利导、给孩子以温暖和包容，说起来似乎简单，但做起来却不易，尤其是当孩子的行为触及了老师的尊严甚至带有挑衅意味的时候。

预备铃响了，我走上讲台，发现黑板右下方画着一幅秃顶的人头像。我因为血压高，头顶有点秃，这分明是对我的嘲讽与挑衅。我顿时怒火上冲，厉声吼道："这是谁画的？"学生们没人吱声。我让全体学生站起来，声言什么时候有人承认了再让大家坐下开始上课。在这种压力下，居然还是没人站出来承认错误。

经过一番思想斗争，我冷静下来，让学生们都坐下，让同学们与我一道闭上双眼，并说希望这位同学能够勇敢地走到讲台上把画像擦掉。一会儿过去，我没听到动静，于是自己睁开眼，轻轻地把画像擦去了。然后让学生们睁开眼，我说："黑板上的画不管是谁画的，既然他已经把它擦去了，就足以证明他是个诚实、勇于承认错误的孩子。让我们用掌声表示对这位同学的敬意！"教室里响起了哗哗的掌声，很久很久。

课后，一位学生到我办公室，问我为什么要帮同学擦掉画像，并真诚地笑着说其实好多同学都偷看到了，同学们都说老师外表虽严肃，其实是个特别宽厚的人。我突然明白了为何当时教室里的掌声响了那么久。几年后，我收到了一封来信。在信中，那位"画家"承认了自己的错误，表达了对老师的感谢与敬意。他说："在您之前的两位班主任总把我的毛病放在同学们面前'大放光彩'，搞得我很没面子。对他们我也憎恨过、搞过恶作剧，那件事情之后，我从您的身上懂得了尊重与宽容，是您促使我改正了自己的淘气，考上了重点高中。我会永远记住我的耻辱，做一个有益于社会的人。"（王兴奎 《新课程》中学版）

面对心智尚不成熟的学生当着全班同学对自己"嘲讽"，王老师及时管控、调整了自己的情绪，十分宽容、迅速、有技巧地解决了所处的尴尬局面。当时他虽然放弃了追查，但犹如一缕南风拂面而过，帮助和"唤醒"了一名学生，更是赢得了全班学生的真诚的尊重！这肯定比强硬的北风有效得多。王老师处理这次偶发事件所体现出的高超教育管理艺术，与春秋战国楚庄王的"熄灯摘缨"可谓有异曲同工之妙。

同时，这则案例告诉我们，当学生犯错时，教师措辞越激烈、越是上纲上线，就越会促使犯错学生本能地启动"屏蔽批评教育"的防御体系，实施自我保护；由于一时难以查出"作俑者"，对于其他学生也未必能起到"以儆效尤"的作用。在南风的暖意之下，学生反而会为之感动，慢慢地脱下"防弹背心"，拆除心理防线，向老师敞开心扉。

狂风暴雨固然会给大地快速带来雨水，但也会伤害花草树木，和风细雨更容易在悄无声息中滋润学生的心田；生活中有时缺少不了"北风"，但南风效应运用于教育，特别是在对待那些在成长的道路上偶尔犯错的孩子身上，确实有着神奇的力量。

"南风"看起来缺乏力度，却触及了孩子的心灵。"南风"吹拂的是宽容，是对对方尊严的保护，引发的是良知觉醒与道德自责。"南风"有效应，是因为它饱含着真诚和信任，让人的内心被另一颗高尚和宽厚的心灵所震撼、所感化，终至心服口服。"南风"之所以能达到目的，就是因为它顺应了人的内在需要，使人的行为变得自觉。

愿我们的校园里、家庭中，少一些强劲凛冽的"北风"，多一些轻柔温暖的"南风"。

# 内驱效应
## ——强大的学习驱动力

> 儿童具有他自己的真实的活动，如果不真正利用这种活动，教育就不能成功。
>
> ——（瑞士）皮亚杰

意大利女医生、儿童教育家蒙台梭利记下了这样一则教育案例：

一天，一群幼儿园的孩子们围在池塘边观看水面上漂浮的玩具。有个 3 岁的小男孩因前面有人挡住看不清，于是便回到教室搬了一只小凳子，想站在上面看。不料还没等他站上去，一位教师"发现了"他的意图，善意地走过来把他托举起来放到了自己的肩上。蒙氏对此在笔记中写道："若此儿童自行设计，达到希望。其所感之快乐当是甚浓，且可以发展儿童的能力，可惜被一位浅识的教师所摧残了。真令人伤心。"

还有另外一个小故事：

一天，一位牧师正在准备布道的稿子，他的小儿子在一边玩耍喧哗。牧师无奈，便随手从一本旧杂志中撕下一幅世界地图，然后扯成不规则的碎片，丢在地上，对儿子说道："小约翰，如果你现在能找个桌子拼好这张地图，我就好好奖励你。"牧师以为小约翰整个上午的时间都会耗在拼图上了，不会再来扰乱他的工作。但是才过了几分钟，儿子就推开了他的房门。牧师看到小约翰手里拿着拼好的地图，大为惊讶："孩子，你是怎么拼好的？"小约翰说："这不难，在地图的背面有一个人的大相片，我把这个人的相片拼到一起，然后再翻过来。我想如果这个人拼的是正确的，那么，这个世界也就是正确的。"牧师给了儿子应允的奖励后，满意地说："你替我准备了明天讲演的题目：如果一个人是正确的，他的世界也就会是正确的。"

孩子具有巨大的学习能力和创造智慧，每一个孩子都具有活生生的个性和巨大的发展潜力，只要我们的教育给他们以展现的机会，施以适当的指导，那么他们就能创造出五彩缤纷的世界；如果教师的教育能够遵循人的天性，其教育在孩子的心里发生内化，就会产生一种驱动力。这种内在的驱动力使他们产生"我能做好""我要比别人做得更好"的信念。

内驱力是什么？内驱力的作用是什么？如何激发和保护孩子的内驱力？

内驱力指的是：驱使有机体产生一定行为的内部力量。内驱力常与"动机"一词同义。学生学习动机的内驱力主要包括三方面：认知内驱力、自我提高内驱力以及附属内驱力。

认知内驱力是一种要求了解和理解的需要、要求掌握知识的需要，以及系统地弄清问题并解决问题的需要，学生只有树立起正确的学习价值观，才能产生这种需要。在有意义的学习中，认知内驱力可能是一种最重要和最稳定的内部动机。教师和家长应坚持经常以学习价值观的教育来启发学生的认知内驱力。要把热爱知识、热爱科学、刻苦学习与爱国主义联系起来，与人类和谐发展联系起来，与为崇高的目标做贡献联系起来。

自我提高的内驱力是学生个体的那种要求自己成功完成学业而赢得相应地位的需要。这种需要从儿童进入学习集体开始，日益显得重要。教师和家长应注意引导学生制定和修订自己的人生生涯规划，有针对性地进行不同的教育，使之各尽其才，要让孩子们都有成绩感、都抬起头来走路，以巩固他们的自我提高的内驱力。

附属内驱力是学生为了获取教师、家长等的赞许或认可，而努力把学习抓好的一种需要。教师的任务就是要与家长一起，充分肯定每一个孩子的努力与进步，充分给予每一个学生称赞和鼓励，称赞和鼓励会变成孩子们持久稳定的附属内驱力，激发他们去发奋学习，争取进步。

学生学习内驱力一经产生，将会十倍于教师的教育力量，这就是所说的"内驱效应"。《儒林外史》中"范进中举"的故事，虽是对科举制度以及扭曲了的社会心态的鞭挞，但范进能在贫困之中坚持考二十多次，直到五十多岁考上，其内驱力一定是十分强大的。牧师儿子拼图的故事也给我们以深刻的启示：如果在家庭教育中能够巧妙设计，善于引导，将创造多少有效的促进自我教育的机会呀！

心理学研究表明：青少年学生具有一定程度的自我教育要求，他们开始自觉对自己的日常行为和思想进行检查和评价，与别人对比找差距，并通过自我调节和自我教育，不断丰富和完善自己的能力性格和品德。因而，教师和家长要注重引发学生自我教育的愿望，并给予具体指导。一旦学生在良好个性和心理品质的培养过程中，从一个被控制者变成自我控制者，他们就会自觉地去塑造良好的个性心理品质，教师和家长也就获得了真正的成功，实现了教育的深层目标。

# 破窗效应
## ——环境的暗示性和诱导性

> 见兔而顾犬，未为晚也；亡羊而补牢，未为迟也。
>
> ——（中国）庄辛

1969 年的一天，两辆无论是款式型号、新旧程度，还是颜色全都是一模一样的汽车，从美国斯坦福大学校区出发了，在稍后的一段时间，一辆汽车停泊在杂乱的底层人群聚集的、比较贫穷的纽约布朗克斯街区，而另外一辆则停驶在加州帕洛阿尔托的一个中产阶级社区里。这是心理学家菲利普·辛巴杜所做的有趣的"偷车实验"。

起初两辆汽车都安然无恙。于是，菲利普·辛巴杜教授派人去纽约那个杂乱的街区，把停在那里的汽车的车牌摘掉，顶棚打开。然后安排人手在远处悄悄地监视，但对任何事情都不加干涉。结果一天之内汽车就被人偷走了。

停放在加州中产阶级小区的那辆汽车，过了一个星期还平安地停放在那里。但当菲利普·辛巴杜让人用锤子在这辆汽车的玻璃窗上敲了个大洞之后，仅仅过了几个小时，那辆汽车也被小偷给开走了。

以这项实验为基础，结合日常生活中的一些现象——一面墙被涂鸦涂得乱七八糟，如没及时清洗掉，很快墙上就会更加不堪入目；在一个很干净的地方，人们会不好意思扔垃圾，而一旦有垃圾出现，并堆积在那里，后续就很可能有更多的人将垃圾丢在那里，且丝毫不觉得羞愧；有人把一幢空置建筑物的窗户玻璃打坏了，而这扇窗户又没得到及时维修，那别人就可能受到某些暗示性的纵容去打烂更多的窗户。久而久之，这些破碎玻璃窗就给人造成一种无序的感觉，在公众麻木不仁的氛围中，犯罪会快速滋生、繁衍……政治学家威尔逊和犯罪学家凯琳归纳出了一个"破窗效应"理论。结论是：环境具有强烈的暗示性和诱导性，必须及时修好"第一扇被打碎的玻璃窗户"，这样可以制止破窗效应现象的出现。

破窗效应现象不仅仅存在于社会学领域，而且也广泛存在于教育教学管理等诸多领域中。

在学校，早读课上一个学生迟到，班主任视而不见，说不定第二天会有两三个学生迟到；一个学生怕冷（热）不出早操，班主任只是轻描淡写地询问几句，几天后可能会有更多的同学都不出操；期末考试，一个学生考试作弊，老师不及时处理，下一次考试可能有更多的同学作弊；上课，一个学生偷偷摸摸地吃零食，老师没有加以制止，一段时间后，学生们的书包里会出现各种各样的零食；课堂上，有学生做小动作、说悄悄话，老师不严肃批评，过不了几天整个班级在上课时就会像一个热闹的菜市场；教室里，有人随意抛扔废纸弃物，老师不追查，原本整洁的地面渐渐就变得不堪入目；有学生作业不交或经常延迟交，老师听之任之，就会有其他同学效仿……

教育教学中，诱发破窗效应的因素有很多。通过心理学的学习，我们知道了，最初的破窗户、涂鸦与垃圾暗示着无序与纵容；其后，环境传递了强烈的暗示和诱导信息；最后，人们的从众心理和投机取巧心态开始起作用。从众心理使一些人认为，既然大家都在破坏这个已经破损的物体（或违反某规章制度），那么我也可以参与进去，况且法不责众，即使出了事也不会承担责任；在投机取巧心理支配下，有许多人在看到有便宜可占、有空子可钻时，往往也会去钻空子占便宜。如果我们对环境中的任何一种不良现象不闻不问、熟视无睹、反应迟钝或纠正不力，就会纵容更多的人"去打烂更多的玻璃窗户"，这种不良现象就可能被无限放大与扩展，演变成"千里之堤，溃于蚁穴"的恶果，以至于环境大大变坏而一发不可收拾，最终积重难返。

因此，必须高度警觉那些看起来是偶然的、个别的、轻微的"过错"，必须高度重视班级建设过程中、班纪班风中的各种"第一次"。如果对于每个"第一次"中出现的问题，教师都能认真严格对待，有规必依、违规必究，使问题能够得到及时有效的解决，就如同破窗被及时补上，那么，班级风气、班级建设、班级管理就会形成良性循环。

每个学生都是在错误中成长的，不犯错误是根本不可能的事。家长和老师们的责任在于要将"破窗"止于萌芽。亡羊补牢，未为迟也。

# 情感效应

## ——爱的力量

> 没有人的情感，任何伟大的东西都不可能产生。
>
> ——（德国）黑格尔

一个住在非洲的印度教门徒，到喜马拉雅山去朝圣。他很想去拜访印度巴德里那斯和卡德那斯的圣庙，那些地方是最难走的，道路终年积雪，非常狭窄，道路的旁边是一万英尺的深谷，只要脚下稍微一滑，就有可能丧命。

那个印度教门徒背着很少的行李艰难地行走着。他发现就在前方不远的山路上，一个十岁左右的女孩，背着一个胖胖的小孩在攀行。她满头是汗，而且气喘吁吁。

"我的女孩，你背得那么重，一定很疲倦。你真可怜！"当那个门徒经过她身边的时候，对她说道。

"你错了，你所携带的是一个负担，但是我携带的并不是一个负担，他是我弟弟，我爱他。我没觉得自己可怜，我能带着弟弟一起去朝圣，我很幸福！"女孩回答。

一定的情感，能激发起一定的意志行动。这位十岁左右的小女孩，由于是背着"爱"，由于投入了情感，所以并不感到身上的弟弟沉重，反而觉得"很幸福"。

在古代印度，有位农夫住在山坡上。他一年四季用两个罐子挑水用。其中有一个水罐买来的时候就有一条裂纹，而另一个则完好无损。好水

117

罐总能把水满满地运回家，而有裂纹的水罐等被挑回到家时，水就只剩下半罐了。因此，那个可怜的有裂纹的水罐总为自己的天生缺陷而感到惭愧。

"不要难过，在我们回家的路边开满了美丽的鲜花，难道你没有注意到这些花只长在你这一边，并没有长在另一个水罐那边吗？这是因为我早知道你有纹缝，在你这边撒下了花种。每天我们从小溪边回来的时候，从你的纹缝中渗出来的水就浇灌了这些苗苗。这山上的小路很多，却没有第二条像我们这样的，有一边开满了鲜花，不是吗？"农夫劝慰它，"这些美丽的花朵还装饰了我的餐桌，如果不是你，小路上和我的餐桌上也没有这么好看的花朵了"。

有裂纹的水罐听了，舒心地笑了。

这真是一位富有爱心的农夫！他帮助有裂缝的水罐丢掉自卑，树立自信、自尊，从而使生活充满阳光。

"情感效应"在具体的教育教学行为中是必不可少的。

教育心理学告诉我们，人类有恐惧、愤怒、高兴、哀伤、信任、厌恶、好奇、惊异八种基本情感。渗透在心理因素中的情感，是触发其他心理因素的诱因和推动其他心理活动发展的动力，是人的诸多心理因素中最积极、最活跃的因素。情感对于学生的认知活动、思想道德品质的形成和发展有着极其重要的作用。积极的情感可以提高人的活动力，使人精神焕发、愉悦向上。因而，心理学家、教育家罗杰斯把发展学生自身潜能，培养学生积极向上的自我概念和价值体系作为教学的首要任务。而布卢姆等则明确地把情感列为教学三大目标领域之一。

在我们的周围，那些学习有困难、性格偏执、爱淘气的，或是有先天缺陷的学生，不正像一个个有裂纹的"小罐子"吗？他们更需要沐浴积极的情感效应，更需要师爱。学校在教育的全过程中，应该努力创设一种和谐、生动的教育情境，在师生之间形成一种真诚、融洽的情感交流，充分发挥积极情感的教育效应。诗人泰戈尔曾说："聪明人懂得如何教育，愚昧人知道怎样打击。"

我们每一位教师如果都像那位农夫一样，对这些"有裂纹的小罐子"多一些情感关注，那么将有多少"有裂纹的小罐子"会"舒心地笑"啊！

爱的力量，将使"有裂纹的小罐子"为社会做出尽己所能的贡献。

情感效应，将使背着"爱"的小女孩能够超水平超能量地发挥。

# 瓦拉赫效应

## ——天生我材必有用

> 应当考虑到儿童天性的差异，并且促进其特性的发展。
>
> ——（德国）第斯多惠

瓦拉赫因在脂环族化合物方面的首创研究而获得 1910 年诺贝尔化学奖，成绩可谓骄人，但他的成才过程却极富传奇色彩而又颇耐人寻味。

瓦拉赫在读中学时，父母为他选择的是一条文学之路，不料一个学期下来，老师为他写下了这样的批语："瓦拉赫很用功，但过分拘泥，这样的人即使有着完美的品德，也决不可能在文学上发挥出来。"父母见此路不通，又让他改学油画。谁知事情更糟糕，瓦拉赫既不善于构图，又不会润色，对艺术的理解力也不强，成绩在班上是倒数第一，学校对他的评语更是令人难以接受："你是绘画艺术方面的不可造就之材。"面对如此笨拙的学生，绝大多数老师认为他已成才无望，只有化学老师认为他做事一丝不苟，具备做好化学实验应有的素质，并从学习化学入手，把他带入了神奇的化学世界。这一次居然有效，瓦拉赫智慧的火花一下子被点燃了，他很快对化学学习如痴如醉。于是，一个文学、艺术的"不可造就之材"一下子成了公认的化学方面的"前程远大的高材生"，在同类学生中，他的成绩遥遥领先，令老师和同学们惊叹不已。

瓦拉赫的成功诞生了世界教育史上著名的"瓦拉赫效应"。瓦拉赫的成功也有力地说明了这样一个道理：学校里不存在差生，几乎每个孩子都具有自己擅长的一种或几种智力，每个学生都有自己的优势智能领域：有些学生能演奏动人心弦的乐曲，有些学生表现出体育运动的天赋，有些人喜欢钻研数学难题，有些人能创作出优美的绘画作品，有些人对自然界具有独特的感悟，有些人热衷于体验诗歌或小说作品发表时的喜悦。学校教育的一个重要功能就是促进每一位学生多元智能的发展。作为教师和家长，一旦帮助学生找到了他的智能最佳点，就是帮助他找到了生涯发展的生长点；作为学生，他们一旦找准自己智能的最佳点，就可以使智能潜力得到充分发挥，便可取得惊人的成绩。

风靡全球的美国盖洛普咨询公司创始人唐纳德·克利夫提出："教育的目的就是发现受教育者的优势并发挥其优势。"由于学生受年龄和生活阅历所限，往往对自己的潜能、对自己的长处和不足没有把握和了解，多数是靠别人的评价来确定自我看法、自我价值的。知道了这一点，教师和家长就应该告诉学生：每一个人对这个世界来说都是独一无二的，缺了谁对这个世界都将是一种遗憾。教师和家长要坚信所有的孩子都是潜在的天才。据资料介绍，每个人都蕴藏着巨大的潜能，特别是人的大脑，比现代计算机高出 150 万倍，蕴藏着的能量之大是无法估计的。据说，人的一生只用了自身能力的百分之一，只利用了自己智力潜力的五分之一到四分之一。一个人所发挥出来的潜力，只占他全部能力的百分之四。任何一个学生都有自己的智能优势，都有自己的闪光点，都有自己的长处，都是具有自己的智能特点、学习类型和发展方向的可造就之材。教师和家长要告诉学生："在森林里，有千年的银杏，有高耸云端的杉树，有低矮的灌木丛，有四季常绿的松柏，有一岁一枯荣的茂密草丛，有潮湿的苔藓……所有的这一切都在享受属于自己的一份阳光、空气、水分。你可以有成为大树的梦想，但不必为不能成为一棵大树而感到自卑，也许你正是山间小道旁最名贵的一棵兰花草！"

只要自身的优势和潜力得到发展和发挥，"丑小鸭"一定会变成"白天鹅"。

世界首富比尔·盖茨是世界上及早发现自己长处并果断地去发展自己长处的人，他的最高文凭是高中，他在哈佛大学读到大二就退学去创建他的电脑公司去了。物理学家爱因斯坦在童年时期是一个迟钝、害羞、落后的小孩，10岁时才进入慕尼黑的一所小学读书。在学校读书时有过7次考试不及格的经历，老师说他只会冥想，不会学习，认为他是个累赘。英国前首相丘吉尔曾经在阅读上遇到问题，一度不得不参加专为学习有困难的学生组织的英语补习班。堪称最好学的美国第27任总统威尔逊到9岁时才认识全26个字母……

2016年3月，杨柳吐绿，北京的寒冬接近尾声。一场钢琴公益音乐会奏响了春之声，演奏者是受到多国元首接见的中国盲人钢琴家孙岩。孙岩先天性双目失明，成长于长春一个普通工人家庭，幼年时陪伴他的只有一台老式收音机和一架玩具琴。有一天，他突然告诉妈妈：我要送你一首曲子，是从广播里听到的。说完，一曲《妈妈的吻》从小孙岩手中倾泻而出，惊喜得妈妈泪流满面。她欣喜地抱住懂事的儿子，问："喜欢弹琴吗？"小孙岩认真地点点头。"那妈妈绝不让你的手离开琴键……"于是小孙岩5岁正式开始学习钢琴。"命运无法尽善尽美，我却无法不用尽全力"，经过艰苦的努力，小孙岩10岁获全国艺术调演金奖、11岁作为"全国十佳少年"在北京工人体育场为8万观众演奏《黄河颂》、15岁成为中央音乐学院建校半世纪以来的第一个盲人学生、22岁在国际残疾人钢琴大赛中夺冠、同年被授予安徒生亲善大使的称号。

多元智能理论认为学校教育的一个重要功能，就是要促进每一位学生多元智能的发展。人的智能至少包括言语（语言）智力、音乐（节奏）智力、逻辑（数理）智力、视觉（空间）智力、身体（动觉）智力、自我反省智力、人际交往智力，以及认识世界、适应世界等智能。几乎每个孩子都具有自己擅长的一种或几种智力，每个学生都有自己的优势智能领域：有的表现出语言天分，他们说话早，对语言、文字很有兴趣，喜欢听故事、讲故事，喜欢读书和听别人读书，将来他们很可能成为成功的作家；有的表现出音乐天分，他们的听觉特别发达，很小就表现出对音准和声音变化的高度敏感，并能迅速而准确地模仿声调、节奏和旋律；有的表现出空间天分，他们的视觉特别发达，喜欢把文字或语言信息转变为图画或三维形象，可能在绘画、摄影、建筑或服装设计、造型艺术等方面表现出兴趣和特长；有的很有数理天分，他们喜欢并擅长计数、运算，思维很有条理，经常向家长或老师提问题，追问为什么，并愿意通过阅读或动手实验寻找答案，如果他们的好奇心能得到满足，那么他们很可能在理科学习和研究上取得好成绩。

"天生我材必有用"，不成功只不过是可能没有放对位置。一块田地，不适合种水稻，可以试试种大豆；豆子也长不好的话，可以种棉花；如果棉花也长不好，那也许碰上一块盐碱地了，就种西瓜。因为一块地，总有一粒种子适合它，也总归有属于它的收获。例如爱因斯坦，他的天赋是具有严密的数理逻辑能力，他在他最感兴趣的领域——分子物理学方面施展了他的天赋，发现了相对论。如果我们逼着爱因斯坦在他不感兴趣的领域里去干他不擅长的事——当艺术家、文学家或是运动员，恐怕他将一事无成。

美国成功学家安东尼·罗宾在《唤醒心中的巨人》一书中写到："每个人身上都蕴藏着一份特殊的才能。那份才能犹如一位熟睡的巨人，等待着我们去唤醒他……上天不会亏待任何一个人，他给我们每个人以无穷的机会去充分发挥所长。"

# 情商效应

## ——一家人获得四枚诺贝尔奖章

> 让柏拉图与你为友，让亚里士多德与你为友，更重要的，让真理与你为友。
>
> ——（美国）哈佛大学校训

在相隔 8 年的时间里，两度获得最高科学桂冠——诺贝尔物理学奖与诺贝尔化学奖！居里夫人的这个纪录在百年诺贝尔奖的历史上，还没有被人打破。居里夫人的伟大，不仅因为她两次获得诺贝尔奖、18 次获得国家奖金、被授予 117 个名誉头衔而独步科学殿堂顶端，还在于她那惠及世界父母的高超的家庭教育艺术。

在居里一家中，居里夫妇和亨利·贝克勒因为在放射性上的发现和研究而获得了 1903 年的诺贝尔物理学奖；在她的教育下，她的长女伊伦娜成了核物理学家，并与丈夫约里奥·居里因发现人工放射性物质共同获得诺贝尔化学奖；次女艾芙·居里成了音乐家、传记作家，其丈夫曾以联合国儿童总干事的身份，获得 1965 年诺贝尔和平奖。这也是居里一家所获得的第四枚诺贝尔奖章，创造了诺贝尔奖的一个奇迹。这一奇迹源于居里夫人的教育艺术。

居里夫人因发现镭而闻名全球，并因此得到世界各个科学机构颁发的许多奖项。一天，朋友到她家做客，忽然看见居里夫人的小女儿拿着一枚英国皇家科学协会的金质奖章在当玩具玩。朋友惊讶地问道："夫人，得到一枚英国皇家科学协会的奖章，是一项极高的荣誉，您怎么可以给孩子随便玩呢？"居里夫人笑答："我是想让孩子从小知道，荣誉就像玩具一样，只能玩玩而已，绝不能永远守着它，否则将一事无成。"

　　绝大多数人的智商是差不多的，而后天的情商教育与情商培养可以改变你的生命轨迹，引领你走向卓越、超越平庸。

　　心理学家认为，情商水平高的人具有如下特点：社交能力强，外向而愉快，不易陷入恐惧或伤感，对事业较投入，为人正直，富有同情心，情感生活较丰富但不逾矩，无论是独处还是与许多人在一起时都能怡然自得。专家们还认为，一个人是否具有较高的情商，和童年时期的教育培养有着密切的关系。因此，培养情商应从小开始。

　　居里夫人家庭教育中最明显的特点是，用自己的高尚品德去影响孩子。

　　1903 年 12 月，居里夫妇因发现了镭而获得了诺贝尔物理学奖。此后世界各地求索镭的提炼方法的请求源源不断。怎样回应呢？某个礼拜天的早晨，居里夫妇进行了几分钟的谈话。

　　"我们必须做出选择。一种是毫无保留地叙述我们的研究结果，包括提炼方法在内……"皮埃尔·居里说。居里夫人做了一个赞成的手势说："是，当然如此。"

　　"另一种是我们以镭的所有者和发明者自居。若是这样，我们必须先取得这种技术的专利证明，并且确定我们在世界各地制镭业上应有的权利。"皮埃尔继续说。

　　"专利"意味着巨额的金钱、舒适的生活，代表着可以为子女留下一大笔遗产……但是，居里夫人坚定地说："我们不能这样办，这违背科学精神。"

　　居里夫人在丈夫皮埃尔去世后，经济上十分拮据，一个人的微薄收入不仅得抚养孩子，还得补贴一些给科研，有人建议卖掉她所拥有的 1 克镭，这在当时价值 100 万美元，是一笔巨大的财富。但居里夫人坚持不卖，她告诫两个女儿："这 1 克镭应当永远属于科学，不属于个人。"她的行动感染了两个女儿，尤其是伊伦娜夫妇。他们不仅继承了居里夫人的科学事业，也继承了她的崇高品德。1940年，他们把建造原子反应堆的专利捐赠给了国家科学研究中心。

情商的价值是无限量的，情商将伴随和影响着社会人的一生。所以，我们的教师与家长在重视提高孩子智商的同时，更要重视提高孩子的情商、道德商。

英国教育家斯宾塞说："野蛮产生野蛮，仁爱产生仁爱，这就是真理。"孩子纯洁的心灵就是一面镜子，父母投射过去的是什么，他们反射回来的就是什么。身教重于言教，当父母的言行举动向孩子发出赞许、欣赏、宽容和理解的信息时，孩子如拂春风、如沐甘雨，并且也会如此待人。

以父母自身的高尚品德与文明举止教育出来的孩子一定是品德高尚、智慧超群的孩子。

# 亨利效应之一
## ——自信帮你成功

> 要有自信，然后全力以赴——假如有这种信念，任何事情十之八九都能成功。
>
> ——（美国）威尔逊

公元 30 年，一个来自伯利恒的男人，见到一位学者和一位先知，说道："我和耶稣一起长大，小时候几乎一样，后来差别越来越大。他对别人的爱如同奔流的河水，永不停歇，我对别人的爱则像干涸的枯井，没有一滴；他的个性如同阳光那样灿烂夺目，我的个性像萤光般微弱昏暗；他的勇敢如同松柏到处矗立，我的怯懦像野草随处生长；他一直都是喜悦的，我从来只有悲伤。"

他问学者："请您告诉我，这是为什么呢？"学者答："这是因为耶稣是上帝的儿子，你不是上帝的儿子。"

他又问先知："请您告诉我，这是为什么呢？"先知答："这是因为耶稣知道自己是上帝的儿子，你不知道自己是上帝的儿子。"

这虽是一个传说中的故事，细细品味却饱含哲理。下面是一个发生在美国的真实的故事：

有一位名叫亨利的法国青年，从小在美国的孤儿院长大，身材矮小，长相也不好，讲话又带着浓重的乡土口音，所以一直很自卑，30 多岁了仍一事无成，整天在唉声叹气中混日子。

一天，他的一个好朋友兴冲冲跑来，一边仔细端详着他，一边兴高采烈地说："亨利，有一个关于你的好消息！""我哪有什么好消息呀？"亨利不相信。"真的是好消息"，那位朋友迫不及待地告诉他："我在一份杂志里看到，拿破仑有一个私生子流落到美国，这个私生子又生了一个儿子，特征跟你全部一样：个子很矮，讲的是一口带有法国口音的英语……""真的是这样吗？"亨利内心希望这一切都是事实，在他寻觅到那本杂志琢磨了半天后，最终相信了自己就是拿破仑的孙子！亨利顿时自信心满满："矮个子多好！我爷爷就是靠这个形象指挥千军万马的。"以前，他因觉得自己的英语讲得不好而自卑，而今他以讲带有法国乡土口音的英语而自豪；当他遇到困难的时候，就跟自己说："拿破仑字典里没有'难'字！"他像变了一个人似的。

在成为一家大公司的董事长之后，他出钱请人考证自己的身世。结果，"拿破仑的孙子"之说遭到否定。但亨利说："我是不是拿破仑的孙子现在已经不重要了，重要的是我懂得了成功的秘诀：'当我相信时，它就会发生！'"

故事中的主人翁，先是因为"自卑"而一事无成，整天在唉声叹气中混日子，后来因为变得"自信心满满"而大获成功。对于一个人一旦拥有了自信心，便拥有了无穷的力量，其潜力就会得到充分挖掘的这种现象，人们后来就以故事中成功的主人公来命名为"亨利效应"。

自信是人格的核心力量，谁拥有了自信谁就成功了一半。自信心是一种重要的品质，是对人才素质的基本要求，是学生成才的精神核心。学生有了自信心，才能努力实现自己的愿望和理想。自信心不但需要善于启发，还要善于保护。爱因斯坦曾经说："教育应该使提供的东西，让学生作为一种宝贵的礼物来享受，而不是作为一种艰苦的任务要他负担。"教师和家长帮助学生拥有自信心并且想方设法地保护学生的自信心，就是在引导学生开启智慧的大门。

心理学研究证明，每一个孩子的内心深处都有一种被肯定的渴望，都有获取成功、对外展示自我的愿望。一个人只要体验一次成功的喜悦，便会激发起无数次追求成功的愿望和信心。因此，重要的是为他们创设更多的成功机会，使之更多地体验和获得成功。只有让他们在获得成功后充分体验愉快、满足，得到认可和肯定，这样的成功才有价值。另外，在学生取得成功后，哪怕是一点点成功，教师和家长也要及时地鼓励、表扬、赞赏，使他们内心深处那份被肯定的渴望转化为自信储存起来，成为他们走向成功人生的必不可少的财富，从而将成功的价值拓展至极限。

# 亨利效应之二

## ——"大学村"的故事

> 所有成功者最初都是从一个小小的信念开始的。
>
> ——（美国）罗杰·罗尔斯

据《教师报》载文，山东省鲁西南有一个乡村，因为考上大学、硕士乃至博士的人数众多而闻名遐迩，人们都称之为"大学村"。其秘密在哪儿呢？原来在几十年前，有位大学教授因故被贬到这个偏远的小村子。不久，就有一个传说在村子里流传，说这个教授能掐会算，他能预测孩子的前程。不少孩子回家说，教授说我将来能成为数学家；有的孩子说，教授说我将来能成为作家；有的孩子说，教授说将来我能成为音乐家；有的说，教授说我将来能成为像钱学森那样的人，等等。不久，家长们发现，他们的孩子与以前大不一样了，变得懂事而好学了。几年后，奇迹真的发生了。这些孩子到了参加高考的时候，大部分以优异的成绩考上了大学。据说，这位教授年龄大了，回到了城市，但他把预测的方法给了接任的教师，接任的教师还在给学童们预测着……而且他们牢记老教授的嘱托，不把秘密告诉给村里的人们。

其实老教授和他的继任者所做的，是在给孩子们灌输一种信念，在孩子幼小的心灵里播下希望的种子。老教授和他的继任者相信，只要树立一个希望，能正视自己并积极进取，就一定会收获一个丰硕的人生。

在声名狼藉的美国大沙头贫民窟出生的孩子，长大后很少有人获得较体面的职业。然而，罗杰·罗尔斯是个例外，他不仅考入了大学，而且成了纽约州历史上的第一位黑人州长。在他就职的记者招待会上，罗尔斯说是他小学的一位校长——皮尔·保罗成就了今天的他。

1961 年，皮尔·保罗校长被聘为诺必塔小学的董事兼校长时，正值美国嬉皮士流行的时代。当时，这里学校的穷孩子比"迷惘的一代"还要无所事事，他们旷课、斗殴，甚至砸烂教室的黑板。皮尔·保罗实在不愿意看到这些孩子自毁前途，便想出了一个绝妙的方法。他知道这里的人们非常迷信，于是就开始给一些孩子看起了手相。起初孩子们都不太愿意，后来 由于看到有的同伴被皮尔·保罗看过手相后虽是秘而不宣，但内心的兴奋溢于言表，因此孩子们开始主动起来。一天，罗尔斯从窗台上跳下来，伸着小手走向讲台，皮尔·保罗校长煞有介事地把这只黑乎乎的小手看了又看，"研究"了好半天，然后认真地对他说道："嗨！不得了，将来你是纽约州州长。"

罗尔斯大吃一惊，长这么大，只有奶奶说他可以成为一艘 5 吨重小船的船长，让他着实振奋过一阵。这一次校长竟说他可以成为纽约州州长，这实在出乎他的意料。他兴奋不已地记下了这句话，并且相信了它。从那天起，"纽约州州长"就像一面旗帜飘扬在他的心里，指引着他的行为。他的衣服上不再沾满泥土，说话时也不再夹杂污言秽语，他开始注意仪表，礼貌待人，还成了学生会主席。在以后的 40 多年间，他没有一天不按州长的身份要求自己。51 岁那年，他真的成了州长。

校长善意的"手相解读"，给了罗尔斯一个坚定的信念，从而改变了他的一生。为此，罗尔斯在就职演讲时说："信念值多少钱？信念是不值钱的，它有时甚至是一个善意的谎言，然而你一旦坚持下去，它就会升值。在这个世界上，信念任何人都可以免费获得，成功者最初都是从一个小小的信念开始的。"

美国哈佛商学院 MBA 生涯发展中心主任华德卢与巴特勒博士经过长期研究，认为一个人如果缺乏自信，则会出现不良的心理现象，造成消极心态，严重地影响着自己获得发展和成功。反之，则容易获得发展和成功。

大家都熟悉美国学者海伦·凯勒的故事吧？

女孩海伦·凯勒一岁时突然患了急病，致使她成了一名盲聋人。从此，在难以想象的生命逆境中她开始了漫漫的人生旅途。命运对小海伦不公平，可她有幸遇到了一位优秀的启蒙老师——安妮·莎利文，在老师的帮助和鼓励下，顽强的小海伦学会了写，学会了说。小海伦曾郑重地声明："有朝一日，我要上大学读书！我要去哈佛大学！"在哈佛大学拉德克利夫女子学院的入学考试上，海伦用手在凸起的盲文上熟练地摸来摸去，然后用打字机回答问题。前后9个小时，各科全部通过，英文和德文得了优等成绩。四年后，海伦以优异的成绩捧回毕业证书。此后，她致力于盲聋人的福利事业和教育事业，赢得了世界舆论的赞扬。她先后完成了《我生活的故事》等14部著作，产生了世界范围的影响。

小海伦面对厄运毫不退缩，知难而上，最终取得了成功，成为受世人赞誉的学者：历任美国总统都邀请她到白宫做客，政府称她为全美三十名为国家作出突出贡献的杰出人士之一。联合国为资助世界各地的聋盲儿童，在全球发起以她的名字命名的"海伦凯勒运动"。她靠的是什么？靠的是向命运挑战的勇气和信心。她那自尊自信的品质，不屈不挠的奋斗精神，是人类永恒的骄傲。

信心是命运的主宰。谁的人生都会面对一个一个的挑战，面对挑战，就应该像海伦那样，首先要肯定自己，肯定就是力量，就是对自己充满信心，也就是自信；自信可以促使人自强不息，迎难而上，可以发掘深藏于内心的自我潜能。

有人说："多一个评价学生的角度就能多一批好学生。"这个世界是多元的，社会的需求是多样化的，不同学生有各自不同的价值，但我们缺少发现。更主要的是我们的评价标准太单一，往往唯语、数、外成绩论，致使许多学生的才能遭到扼杀，致使许多学生的自尊心遭到伤害、自信心消失殆尽。因此，在看待和评价学生的过程中，我们应该确立不同的评价标准，有时要换一个角度看学生，要用发展的眼光看学生。这样，我们就会发现每一个学生都是成功者。

只要给每个学生创造成功的时空，让每个学生进入成功的状态，他们都会成为成功的亨利和罗尔斯，都会是人类永恒骄傲的海伦·凯勒。

# 巴纳姆效应

## ——帮助孩子正确认识自己

> 帮助孩子正确认清自己，让他们走适合自己的人生道路，在他们面临抉择的时候适当地给予正确的引导，这是家长、老师及整个社会的职责。
>
> ——（美国）鲍威尔

一位秀才去赶考，来到京城，寻了一家旅店安顿了下来。随着殿试日子的一天天临近，心情愈发紧张。

一天晚上秀才做了一个梦，醒来回忆起梦中断断续续有三个不连贯的片段：自己在墙头上种白菜；自己又戴着斗笠又打伞；和没过门的媳妇（早年定的娃娃亲）裸体背对背睡觉。他甚是不解，不知这梦预示着什么？心情紧张的他胡乱吃完早点，到大街上找了一个算命先生给自己解梦。

秀才把自己的梦陈述了一遍，算命先生说："你梦见在墙头上种白菜，寓意这是白费劲；戴着斗笠在打伞，代表多此一举；三是裸体背对背和媳妇睡觉，那不就是没戏吗？"秀才听了他的话觉得有理，郁闷地回到住处，开始收拾行装，准备动身回家。店老板看到了，问秀才："客官，就快考试了，你这是要往哪儿走啊？"秀才把自己昨晚做的梦和刚才算命先生的解析跟店家说了一遍。店老板笑了："我也会解梦，你听我说，墙头种白菜是说你高中（种）；戴着斗笠打伞，代表你是有备无患；背对背和媳妇裸体睡觉是说你翻身的时候就要到了。"

秀才听了以后，脸上的愁云消失了、紧锁的眉头舒展了，几天后精神振奋地去参加考试，结果高中探花。

1948 年，心理学家伯伦特·福勒通过实验证明了一种十分常见的心理学现象，实验如下：

伯伦特·福勒安排被测试者做一份明尼苏达多项人格调查表（由明尼苏达大学教授哈瑟韦和麦金利制定，是迄今为止运用最广泛且颇有权威的一种纸笔式人格测验）。之后，伯伦特·福勒拿出两份人格测试的分析报告，其中一份是由被测试者自己的答题结果形成的分析报告，另一份则是综合了大多数人的答题而形成的综合分析报告。出乎意料的是，大多数被测试者都认为后者更准确地表达了自己的人格特征，也就是说认为后者才是自己的测试结果。

这个实验结果证明，在日常生活中，人们常常认为十分笼统的、一般的人格描述准确地揭示了自己的人格特征，即使这个人格描述显得十分空洞，但是人们还是愿意相信这就是自己的人格特征。这种现象在心理学上被称为"巴纳姆效应"。（之所以没有称为"福勒效应"，是因马戏团艺人巴纳姆的名言"任何一流的马戏团应该有能力让每个人看到自己喜欢的节目"，精辟地道出了伯伦特·福勒实验结果的内涵，所以这种心理学现象后来被命名为巴纳姆效应。）

有心理学家把这个实验搬进了校园中。他写了一段笼统的、几乎适合于任何人的话：

你这个人非常需要得到别人好评，希望被人喜欢和赞赏，不过并非每个人都如此对你；你有时外向、亲切、好交际，而有时则内向、谨慎、沉默；你的想象力丰富，有很多美好的理想，其中也包括一些脱离现实的幻想；你想做成许多事情，身上蕴藏的潜力无穷，但有许多可以成为你优势的能力还没有发挥出来；你有时怀疑自己所作的决定或所做的事是否正确，甚至犹豫动摇，但关键时刻，你的意志还是坚定不移的。

然后把这段话分别给学生看，让学生判断这段话是否描述出了自己的人格特征。调查的结果是，大多数学生认为，这段话把自己的人格特征描绘得很到位。这个调查结果又一次验证了巴纳姆效应的存在。

伯伦特·福勒的实验告诫人们，在日常生活中巴纳姆效应是普遍存在的。其实，很早以前人们就已经意识到这个问题了。在两千年以前，古希腊人就把"认识你自己"（阿波罗神的神谕）这五个字作为箴言刻在德尔斐神庙的门柱上。中国的春秋时期，老子在《道德经》中也提出了"知人者智也，自知者明也"。可见，人有自知之明是十分重要的。因此，一定要努力做到客观真实地认识自己，尽量不要受巴纳姆效应的影响，尤其是警惕巴纳姆效应对自己的负面影响。

巴纳姆效应对教育工作的启示是非常丰富的：每个学生，不管他过去和现在怎么落后，但在其内心深处总是有着向上的思想，教师的责任在于帮助学生点燃埋藏在心灵深处的希望之火。爱默生说过："自信是成功的第一秘诀。"只有充分自信，才能让生活处处充满阳光。教师们不妨利用巴纳姆效应，遵循学生的心理特点，以辩证的、发展的眼光对学生进行一次巴纳姆式的评价，也让学生惊叹一下老师的"料事如神"，赢得学生的信任。通过所信任的教师的评价，来拨动学生的心弦，激励其"我能行"的自信心，帮助孩子正确地认识自己，帮助孩子把自身潜在的积极心态与能量发扬光大。

"成亦心理效应，败亦心理效应"用于形容巴纳姆效应是再贴切不过了。巴纳姆效应本身并无好坏，关键还在于使用的人。

# 鱼缸效应
## ——给孩子足够的成长空间

> 打开笼门，让鸟儿飞走，把自由还给鸟笼。
>
> ——（美国）非马

走进美国某公司的纽约总部，首先映入眼帘的是办公室门口摆着的美丽鱼缸。鱼缸里十几条杂交的锦鲤鱼活泼地嬉戏着。它们身长约三寸，身材匀称，摇曳着长长的尾巴，脊背或一片红色，或一片紫色，或杂色斑驳灿烂，也有的通身金黄，很是漂亮。进进出出的人几乎都会因为这些美丽的鱼而驻足欣赏一番。两年过去了，有专人照料的小鱼们"个头"似乎没有什么变化，依旧三寸长，在鱼缸里悠闲地游来游去。

这一天，公司董事长的儿子来找父亲，看到这些漂亮的鱼儿，很好奇、非常兴奋，于是顽皮地伸手试图去抓出一条来。攀扶中一个趔趄，鱼缸被他在慌乱中拽翻在地，摔裂了，鱼缸里的水四处流淌，十几条锦鲤鱼可怜巴巴地在地上扑腾着。

办公室的人急忙把它们捧起来，院子中的大喷泉池成了它们活命的唯一选择，鱼儿很快就适应了新的环境，在喷泉池中游得更欢势了，许多人也经常投些食物喂鱼。半年多后，一个新的鱼缸被抬了回来。有人抄起网篮，跑到喷泉池边去捞那些漂亮的锦鲤鱼，人们纷纷驻足围观，十几条鱼被逐一捞了起来。但大家愣住了，仅仅几个月的时间，那些鱼竟然长大了许多，长到了近一尺，鱼缸里已无法容身。

对于鱼的突然长大的原因，人们众说纷纭。有的说可能是因为喷泉的水是循环活水，有利于鱼的生长；有的说喷泉里可能含有某种矿物质，促进了鱼的生长；也有人说那些鱼可能是吃了什么含有激素的食物。但无论如何，大家都有一个共识，那就是喷泉池要比鱼缸大上百倍之多。

养在鱼缸中的观赏鱼，生存环境太小，不管养多长时间，始终不见明显生长。然而将鱼儿放到室外水池中，空间大了，仅仅几个月的时间，原本三寸的鱼可以长到近一尺。后来人们把这种由于给予了更大的空间从而带来充分成长的现象，称为"鱼缸效应"。

其实教育孩子和养鱼是同样的道理。孩子的成长也需要足够的空间，父母和教师的过度保护与管束就像鱼缸一样，孩子囿于成人圈定的鱼缸，难以充分长成、难以茁壮成长。要想孩子健康自然地成长，一定要给孩子广阔的活动空间，而不是将他们设定在一个无风、无雨、无菌的小"鱼缸"里。

阿根廷潘帕斯雄鹰相信雏鹰和自己一样，有翱翔搏击长空的能力，所以放自己的孩子在广阔的蓝天白云中学习滑翔、俯冲、振翅飞行，雏鹰由此得以迅速成长坚强；非洲大草原上的黑斑羚相信小羚羊只有在无际的草原上才能学会奔跑跳跃，于是让小羚在出生后就跟着羚羊群一同奔跑，终于小羚羊也能一跃三米高、九米远，以速度和灵巧成功地摆脱狮子的追杀。

方寸空间盖不成摩天大楼，咫尺鸟笼历练不出搏击九霄的雄鹰。

当前的中小学生有很多事靠自己就完全可以能做得很出色。随着孩子的成长，作为父母与教师，应该除去多余的担心，让孩子自己去体验各种各样的经历。每个孩子都有自己的选择、自己的想法、自己的定位，每个孩子的世界都是一个相对独立的世界。管得太宽、太多、太严，会限制学生能力的发展，削弱学生的责任心；如果父母与教师用命令的方式强制性地要求孩子什么可以做，什么不可以做，会让孩子陷入无奈的境地，或导致他们更多的反抗（尤其当学生进入"叛逆期"以后）。父母与教师应该尊重孩子的自主性，让孩子拥有更多的自行支配权，给孩子充分的空间，让孩子早日走出"鱼缸"，在大海中冲浪、健体魄、强筋骨、长知识、增才干。

# 晕轮效应
## ——"一斑窥豹"未必准

> 尺有所短，寸有所长。
>
> ——（中国）屈原

美国心理学家爱德华·桑戴克在20世纪20年代做了一个有关"漂亮的优势"的实验：请两男两女4名演员扮演求职者，其中一位男士英俊潇洒，另一位相貌普通。两位女士中，也是一位如花似玉，另一位长相一般。

应聘前，特意把他们的背景资料（学历、工作经验）做得基本一样，还对他们进行了训练，使他们在面试时表现一致。每次都是安排长相普通的面试在先，然后是长相漂亮的。

女士面试一家公司的前台接待员职位。男性面试官问了几个问题，总体满意，于是告诉她：公司的作息时间是朝九晚五，十二点到一点午餐，薪水一年35000美元左右。下周一会给她正式答复。

第二天，长相出众的女士去同一公司面试，着装、拎包与前一位女士完全一样。谈了没几分钟，面试官就告诉她：同意录用她。同时告诉她公司的午餐时间为1小时，但可以灵活掌握，薪水每年是37000美元左右，希望她能马上来上班。

接连几个单位，情况都相似。因恐面试官是男性，对女性的容貌比较敏感，于是又安排了女性主管进行面试工作。那位女主管在面试长相漂亮的应聘者时，说："你做接待员有点可惜，做我的私人秘书会更合适。"主管秘书比接待员在公司里要高几个职级。看来面试结果与面试官的性别无关。

男士应聘的工作是股票经纪人。面试官问了第一个男士几个简单问题后说："我觉得你还不错，下周一等正式通知。"轮到长相英俊的男士面试，面试官脱口而出："你长得就像一个股票经纪人！"几个简单问答，面试官就对他说："你下周一来上班，现在去人力资源部办手续。"

除了桑戴克的实验，还有人出过这样一道测试题来进行类似的实验：

从下面 3 位候选人中选出一个国家领袖，你会选谁？

候选人 A，他信巫医和占卜，有两个情妇，有多年的吸烟史，而且嗜酒如命；候选人 B，曾经两次被赶出办公室，每天要到中午才肯起来，读大学时曾经吸过毒，每晚都要喝许多白兰地；候选人 C，曾是国家的战斗英雄，保持着素食习惯，从不吸烟，也不喝酒，年轻时没做过什么违法的事情。

大多数人在答题时都选择了 C。但事实上，第一个候选人是美国总统罗斯福，第二个是英国首相丘吉尔，第三个是纳粹头目希特勒。

从以上实验我们可以看到，人们对他人的认知与判断，常常只根据少量信息做出，将人分为"优秀"或"不够优秀"两类。如果认为某人是"优秀"的，他则被一种好的光环所笼罩，被赋予一切好的品质；如果认为某人"不优秀"，就会被一种差的阴影笼罩，大家会认为这个人所有的品质都不行。这种强烈知觉的品质或特点，就像太阳、月亮的光芒在云雾的作用下形成日晕月晕一样，向周围弥漫、扩散，从而掩盖了其他品质或特点，很容易使人产生认识偏差，所以在社会心理学中也形象地称之为"晕轮效应"。

晕轮效应会产生一种以偏概全的评价倾向，其错误在于，它抓住事物的个别特征，把并无内在联系的一些个性或外貌特征联系在一起，以个别推及一般，是一种受主观偏见支配的绝对化倾向。这种效应有两种表现形式，它既可以导致对被评价者的人为拔高，使他被一种积极而肯定的光环所笼罩（天使的光环效应），也可以导致对被评价者的过分贬低，使他被一种消极而否定的阴影所笼罩（扫帚星效应）。

在日常生活中，我们在评价不太熟悉的人或有明显情感倾向的人时，晕轮效应尤为明显。如，某位明星在影视剧中多以贤妻良母形象出现，她在人们的印象中就定格为屏幕上所扮演的人物，而且，人们想象现实生活中的她也是一个贤淑传统的女性。而事实上，生活中的她十分时尚和前卫，还不时传出一些绯闻，有些观众得知后就不免有些失望。

在学校，很多教师也会不同程度地受到晕轮效应的影响，产生对学生认识上的偏差。有这样一则笑话：一天下午，一位老师上课时，发现两个学生在睡觉，他们都把书铺在自己的面前，结果老师把其中的一个学习成绩差的学生叫起来批评说："你看看人家（指着另一个睡觉的学生，平时成绩很优秀），睡觉还看书呢。你倒好，一看书就睡觉。"这个笑话有些夸张，但以下情形还是存在的：

一个"调皮鬼"没有按照老师的要求去解题，老师会认为是"故意捣蛋"；一个"好学生"没有按照老师的要求去解题，教师则认为是"有创造性"。

晕轮效应将在学生中造成不良的影响：被教师宠爱的学生可能会倚仗着老师的信任和偏爱而颐指气使、自以为是；受教师忽视或嫌弃的学生，则会从教师的言行和教态中意识到教师的偏心和歧视，他们会觉得自己无论怎么做，老师都不会改变对自己的偏见，从而放弃了改进的努力，甚至在学习上或品行上表现出"破罐子破摔"，不求进步。

教师在知道晕轮效应会影响我们的观察与判断后，就要有意识地避免以貌取人、以智论人、以偏概全地评价学生。在现实中，既没有十全十美的学生，也没有一无是处的学生。学生是由性别、相貌、个性、品行、气质、能力、素养等多方面构成的一个整体，他们在某些方面也许是差的，在另一些方面却可能是突出的、优秀的。

家长在关注和干预自己孩子所交往的朋友时，也要防止晕轮效应的影响。

# 角色效应

## ——要给孩子一个"好角儿"

> 在所有与孩子发展有关的因素中，都包含着一种角色的模仿，而影响角色模仿最大的，便是为人父母者。
>
> ——（美国）里根

维多利亚是英国历史上有名的女王，她的丈夫阿尔伯特亲王是英国皇家艺术学会主席。在皇家支持和维多利亚女王亲自出面邀请下，加上阿尔伯特亲王的全力推动，1851 年英国成功地举办了伦敦万国工业产品博览会（水晶宫博览会），问心无愧地戴上了世博会创始国的桂冠。

维多利亚女王和阿尔伯特亲王在国事政务上遵循仪规、按章执礼、不越界限，关系处理得当。但是女王和阿尔伯特亲王作为夫妻私下相处，也会有普通家庭一样的争执场面。

一天，他们夫妇又吵架了，丈夫阿尔伯特生气地回到卧室，并且关上了房门。维多利亚女王平静下来后，知道这次是自己理亏，打算向丈夫道歉，于是主动去找丈夫和解。

"谁？"女王在房间外敲门后，听到丈夫在屋里问道。

"英国女王！"

屋内的人沉默着，没有任何回应，于是女王又敲了敲门。

"谁呀？"

"我是维多利亚。"

可是对方依旧没有回答。最后，维多利亚又轻轻地敲了敲门，温柔地说道："对不起，亲爱的，开门好吗？我是你的妻子。"

这回紧闭的房门从里面打开了。

上面的故事告诉我们，每个人都要在社会中扮演属于自己的社会角色。在家里，维多利亚女王是妻子，她不再是女王。角色扮演正确了，关系就顺畅和谐了。

在现实生活中，人的行为是由自己的性格主宰，还是由环境条件决定的？假如给相似的人赋予不同的角色，他们的行为会发生变化吗？对此，美国斯坦福大学的社会心理学家辛巴多和他的学生1971年建立一个模拟"监狱"，进行了一项扮演"犯人"或"狱警"的实验，旨在观察一个人所扮演的社会角色会对人的心理和行为的变化产生怎样的影响？

辛巴多在报纸上公开招募大学生参加为期两周的"监狱生活"实验。经过一系列医学和心理学测试，辛巴多在70名报名者中遴选出24位遵纪守法、身心健康、情绪稳定的大学生，并通过抛掷硬币的方法，将24名入选者随机划分成3个组：9名犯人，9名狱警，6名候补人员。然后辛巴多在斯坦福大学的一个地下室布置了一个"监狱"，让所有的"狱警"换上专业的制服，所有"犯人"也换上囚服，为了让实验更逼真，还给"囚犯"编了号。他自己亲自出任"监狱长"一职。

刚过一天，"狱警"们便进入了角色，开始体罚、羞辱、威胁，甚至殴打"犯人"。"狱警"表现得越来越像真正的监狱看守；受到羞辱的"犯人"，在他们的反抗活动遭到"镇压"之后，渐渐地像真正的犯人那样，开始表现出习惯性的、无助的征象。这群年轻人越来越像自己扮演的角色，实验逐渐变得让人害怕起来。

第六天，辛巴多为一个"虐囚"的场面所震惊，宣布提前结束实验。

短短六天时间，9名身心正常、彬彬有礼的大学生就变成了冷酷无情的"狱警"，可见，这种因角色不同而引起的心理或行为变化是如何巨大！这就是"角色效应"的作用。

在教育方面，角色效应给我们的警示是：

第一，社会角色承载着人们对角色扮演者的行为期待。家长、老师都必须时时刻刻记住自己为人父母为人师的社会角色，并时时刻刻扮演好这一角色。因为，孩子的模仿能力是极强的。

第二，充当何种角色在很大程度上会影响人的行为。如果给好学生一个坏角色，他们可能真的变坏，作为一名教育工作者，必须警惕！反之，一个好角儿，也极有希望使一些学生改正原来的缺点。

第三，在现实生活中，每个人都会受到角色的影响。要利用好角色效应，创设特定的情境，让孩子在家庭中、在班级里扮演重要的角色，使他们在心理上逐渐形成主体意识，认同自己承担的职责，促使他们的积极向上与早日成熟。

# 压力效应
## ——负重更"用心"

山岳之风光美妙，在于险峻陡峭和人迹罕至。一位摄影爱好者被大自然的魅力所吸引，只身来到一片陌生山林的腹地，一路只顾拍摄美景的他丝毫记不得来路了，不一会儿就彻底迷失了方向。"危难时刻"迎面走来了一个挑柴的樵夫。

"先生是找不着出山的路了吧？请跟我来吧，我带你抄小路往山下赶，路难走些，但可以省去一半的时间，那里是景区的接待处和游客集散地。"

摄友跟着樵夫小心翼翼地通过了几段崖壁小道，在蹒跚走过一座架在深渊之上、仅两尺宽、旁边没有护栏的板桥之后，来到一条略微有些崎岖的山间小道，那颗悬在半空的心总算落回肚中。刚想轻松一下，在出山之前最后再领略一番令人陶醉的美景时，挑柴的樵夫说话了："先生，从这里开始的一里多地，被我们称为'迷幻小路'，虽然路没有前面走过的险峭，但这儿发生过好几起游客坠崖事件，成为这片山峦小径中最危险的路段。我们这儿的规矩是路过此地一定要背点或者扛点什么东西。"

摄友将信将疑道："如果危险，再负重前行，那不是更危险吗？"

樵夫笑道："只有你意识到危险了，才会集中精力，那样反而会安全。不小心掉下去的都是认为已经走出险境、心理压力消失、开始自我放松的游客。我们每天都挑着东西来来去去，却从来没有人出事。"

摄友内心虽是不愿意，但也不敢不听。他接过樵夫递来的两捆沉沉的树枝，扛在肩上，小心翼翼地通过了这段"迷幻小路"。

增加难度、形成压力，在危险面前竟成了一张"护身符"，真有点令人不解。

与此类似的还有香港启德机场，它位于市中心，乘客飞经九龙等闹市时，能清楚地看见民居阳台上晒的衣服。就是这么一个世界上"最危险"的机场，直到关闭，几十年来没有出现过大灾难。究其原因，正是因为危险，所以全世界的飞行员在这里都小心翼翼，不犯一点差错，香港的启德机场反成为世界上最安全的机场之一。

危险固然可怕，但比危险更可怕的是人的"不经意"，危险不一定制造灾难，但人的疏忽往往是灾难的源头。人生中的很多时候，我们是不是也该往自己肩上压"两捆干柴"，有意识地给自己加一点压力呢？

事实上，适当的压力可以成为推动孩子学习的动力。在孩子有潜力可挖，却因惰性或热衷于玩电子游戏、上网闲聊等无意义活动，不愿向深度拓展之时，就有必要对其施加压力。但加压也是一门艺术，压力加得恰到好处才能产生好的效果，当压力超出孩子所能承受的负荷时，压力也会产生负面作用。因此，当我们主观上要给孩子施加一些压力，或客观环境对孩子形成一定压力时，要分析孩子现有的发展水平，根据不同素质、不同能力的基础与表现，来考虑孩子的心理发展水平和心理承受能力。一旦发现压力超出认知水平而成为一种负担时，就要及时减轻压力。

要巧用、善用压力，让孩子在合适的压力驱使下逐渐走向优秀。

# 詹森效应

## ——平时挺好的，考试就砸锅

> 成功的法则应该是放松而不是紧张。放弃你的责任感，放松你的紧张感，把你的命运交付于更高的力量，真正对命运的结果泰然处之。
>
> ——（美国）马克斯威尔·马尔兹

丹·詹森是美国著名的冰上速滑运动员。他平时训练表现优秀，在500米速滑项目上实力雄厚，是当时被普遍看好的世界纪录冲击者，但他在奥运会大赛中却连连失利，众多拥趸们的希望一次次破灭。1984年，在南斯拉夫萨拉热窝冬季奥运会上，詹森名列500米速滑项目的第四名；1988年，在加拿大卡尔加里冬季奥运会上，夺金热门人选的詹森在500米速滑比赛中再次失利；1992年，在法国阿尔贝维尔冬季奥运会上，詹森仍然是金牌的有力争夺者，但他在500米速滑项目上又是名列第四，仍然与奖牌无缘；1994年，在挪威利勒哈默尔冬季奥运会上（历史上首次与夏奥会不在同一年举办的冬奥会），詹森在500米速滑项目中依然是最被看好的运动员，但是他在比赛中意外滑倒，最终只能遗憾地名列第八。

人们后来把这种平时表现优秀、正式比赛频频失败的现象，称为"詹森效应"。詹森效应在中国的运动员身上也曾经出现过。

2000年悉尼奥运会的双杠金牌得主、同时也是2003年世界体操锦标赛两个项目冠军的李小鹏，在2004年雅典奥运会男子单项比赛中却发挥失常，仅获得一枚双杠铜牌。他在赛后接受采访时表示，这次发挥失常的主要原因是压力较大，心情紧张所致。

不难看出，詹森效应的出现主要是压力过大、过度紧张、缺乏应有的心理素质导致的。詹森效应除了在竞技体育大赛中经常出现，在各类学生的关键考试中也屡见不鲜。

与教育相关的某电视节目频道曾收到一位学生家长发来的"求援"信：

……

十二年的寒窗即将结束，还有一个月左右就要高考了。每当我想到此事，便忧心忡忡，即将到来的高考就像高悬在上的达摩克利斯之剑一般，一家人为此而紧张。

我的孩子在初中时，年年都获得"优秀少先队员"的称号，平时学习成绩在班级里也能保持在3到5名的水平，可是在大家所关注的期末大考，却常常考不好。

据说，在中考、高考这样的关键考试中，有60%的学生能做到正常发挥，20%的学生能够超常发挥，另外20%的学生则会发挥失常，与心仪的学校失之交臂。我家孩子三年前中考时就"超低水平"发挥，只考上了个普通中学，至今仍懊丧不已。三年里，孩子逐步又成为学校的优等生，如果高考临场发挥正常，考上本科甚至重点大学都没问题。但是全社会又开始为高考造势了，强化训练、购买外语听力考专用收音机、租宾馆、预订出租车、舆论呼吁为考生提供安静的环境……紧张的情绪又开始在全社会弥漫了。我们和孩子也被感染得紧张起来，吃不香、睡不好。真担心孩子承受不住，三年前的发挥失常会重演！

希望节目组能请专家帮我们想想办法！

"平时学得挺好，然而一到大考，就紧张、慌乱，就记忆骤退，脑子里似乎一片空白，有时还会出现头晕、想呕吐的感觉。"这是部分学生的真实反映；"我的孩子平时考试测验成绩非常好，但一到大考就'砸锅'，这是什么原因？

有什么办法解决？"这是家长们经常提出的疑惑。那么，在学校教育和家庭教育中，如何使学生避免詹森效应呢？

学习方面：

在学习和应考策略上，应注意"点"（学科基础知识点）、"线"（学科同类知识）、"面"（学科综合知识）的学习，复习与训练，三者不可偏废。平时小考针对的是单元知识。大考往往着眼于学科知识的融会贯通和综合应用，需要加强对各种知识的整合理解和灵活应用，提高运用知识解决问题的能力，形成有效的应对综合问题的策略。

心态方面：

一是保持平常心，摒弃心中的非理性观念。要始终以积极的心态面对一次次考试。对于家长和教师来说，期望值过高也可能会给孩子压力。学生对考试结果看得过重，而又缺乏自信，患得患失，结果造成大脑皮层兴奋与抑制过程失衡，各种症状随之产生。所以应当调整过高的期望值。我们应当明白，其实孩子需要的是更多的鼓励，而不仅仅是"你一定要考上重点大学"等诸如此类的话。除此之外，家长和教师还应以平常心去对待正式考试，否则势必增加考生的心理压力，使得他们觉得如果考不好，会对不起家长和老师。在平时还应当注意矫正学生一些不正确的想法，使他们养成以平常心对待考试的良好习惯，减少紧张情绪，更好地发挥出自己的水平。心态越平和，考试成绩往往越好。

二是要进行积极的自我暗示、自我心理调节。我在教高三毕业班的时候，就常对学生说，如果你感到考题太难，不必紧张，可以告诉自己：考题对大家都是一样的，你觉得难，别人可能觉得更难，因此，不必过分焦虑。

三是要专心致志地考试解题。有人问美国著名的钢索杂技演员瓦伦达成功的诀窍，他说："我走钢索时，从不想目的地，只是专心致志走好每一步。"学生考试也是同理，要心无旁骛、精神高度集中地专注于答题本身。

考试方面：

对考试规则、考场环境、答题须知等，可预先适当做些了解，以免临场时节外生枝，造成手忙脚乱、情绪波动。但在这方面要注意适度，不要本末倒置。

# 情绪效应

## ——大脑需要"多巴胺"

> 我的身体必须不断运动，脑筋才会开动起来。
>
> ——（法国）卢梭

2012 年《中国梦想秀》电视节目片段：

小菲菲：大家好！我叫冯辉，小名"菲菲"，来自深圳，今年 11 岁，是小学 6 年级的学生，也是中国国家轮滑队队员。

主持人：哇！你已经是国家轮滑队队员了，还有什么梦想要我们帮你实现呢？

小菲菲：我有两个梦想。我很喜欢波波老师，想见见他，来到这个节目，这个就已经实现了。波波老师是很哲学的，而且骂人从来不带脏字的啦。

（周立波瞪大双眼，哑然、愕然）

主持人：你今天能给我们表演一下轮滑吗？

小菲菲：当然可以。

（小菲菲矫健的身姿、优美的动作、花哨的轮滑技巧赢得了满堂喝彩）周立波：你的运动天赋很好。

小菲菲：我的学习成绩也是很好的，数学 100 分、语文 96 分、科学 100 分、美术 A++，全年级第一名喔。做第一名是很开心的，波波老师，你体验过吗？

周立波：（喃喃轻语）这是我人生中第一次被一个小孩子教育。

主持人：你还有一个愿望是什么？

小菲菲：我想在香港迪斯尼乐园举办一个我个人的轮滑专场，有许多小朋友还有波波老师在台下看我表演。波波老师你要和我一起玩滑轮，我可以教你的啦，去挑战滑轮绕桩世界纪录。

周立波：我要重新解读"自卑"两字，我去撞墙了！（全场观众哄堂大笑）

情绪是一种心理活动，通常与个体的生理需要满足与否相联系，随着情境的变化以及需要满足状况而发生相应的改变，受情境影响较大，具有情境性和短暂性的特点。最基本和最原始的情绪有快乐、愤怒、悲哀、恐惧四种基本形式。

心理学研究证明，情绪是行为的先导，健康良好的情绪（积极情绪）使人思维敏捷，精力充沛，其学习行为一般是高效率的；而不良的情绪（消极情绪）则使人思维呆滞，无精打采，其学习行为一般来说是低效率的。一位心理学家曾进行过对比实验：在基本相同的环境下，同一学科，精神愉快的学生群体要比情绪低落的学生群体的学习成绩高出20%左右。心理学家对此现象的解释是："学生在情绪轻松愉悦的情况下，大脑处于积极的接受和运转状态，能够吸收较多的信息，而且思维灵活、联想丰富。"

积极快乐的情绪是人们身心健康发展的一种内驱力，能促使人们积极向上，是任何药物和饮食都无法代替的。积极快乐情绪产生的原因有很多，运动是其中之一。电视节目中来自深圳的冯辉同学就是一名运动爱好者，她10岁时进入国家轮滑队，并在德国盖新根世界青少年平地绕桩轮滑比赛中获得冠军。在学校运动会上，她以219个圈数获得全年级个人跳绳第一名。她平时思维敏捷，口齿伶俐，学习成绩也在全年级名列前茅。

运动之所以会带来愉快的情绪，并带来好的学习成绩，是因为运动会产生多巴胺、血清素和正肾上腺素，这三种神经传导物质都和学习有关。多巴胺是种正向的情绪物质，人要快乐，大脑中一定要有多巴胺，我们大脑的快乐中心伏隔核里面都是多巴胺的受体。我们看到运动完（非竞技体育比赛类）的人都心情愉快，打完球的孩子都精神亢奋，脾气都很好，那就是运动时多巴胺大量分泌所带来的。血清素跟我们的情绪和记忆也有直接的关系。血清素增加，会导致记忆力变好，学习的效果也会更好。很多抗抑郁症的药都是阻挡大脑中血清素的回收，以使大脑中的血清素比较多。正肾上腺素跟注意力有直接的关系，它能使孩子的专注力增强。

芝加哥附近有所中学实施"零时体育计划"，即让学生早晨七点到校，在没正式上课前进行跑步等体育运动，在学生充分运动之后才开始上课。

开始时家长都反对，孩子本来就不愿早起上学，再去操场跑几圈，岂不一进教室就打瞌睡？结果发现正好相反，学生反而更清醒，上课的气氛好了，记忆力、专注力都增强了。

他们还做了一个实验，将学生最不喜欢、最头痛的课，如数学课，分别排在上午第二节课或下午第八节课，结果发现上午上数学课的那一组学习成绩比较好。因为运动完的神经传导物质在上午第二节课时还在大脑里，但是到下午时就已经消耗殆尽了。

现在美国已有很多州在推行这个"零时体育运动"。

当然，我们提倡的是适量的运动（中国中小学生的标准是每天 1 小时体育活动）。适量的运动会带来正向的情绪效应。学生心情愉快、上课专心、记忆力增强，学习成绩自然就提高了。老师们，家长们，做"运动有益于学习"的宣传者和推动者吧！

# 坐向效应

## ——不要和孩子对视谈话

> 看不见的和谐，比看得见的和谐更好。
>
> ——（古希腊）赫拉克利特

美国某电视台有一档评论型的电视节目，因收视效果不好而饱受非议。制作人迈克尔遭到上司的斥责后陷于苦思：自己找来的都是著名学者和社会精英，他们平日里在各种学术讨论会上唇枪舌剑，面对媒体的"长枪短炮"毫不怯场，个个能言善辩，且观点鲜明、语言犀利。但转播现场却每每缺乏论辩的气氛，评论亦不够深入，导致观众不断流失。为此他专门跑去请教心理学家，心理学家给他的建议很简单："改变座位的安置方向。"

迈克尔半信半疑，这样做能有用吗？抱着"权且试试"的态度，制作人在节目拍摄现场改变了辩论者的座位布局，由以往座位并排面向观众的设计，改为两人相对而坐。令人没想到的是，改变座位布局后，节目的效果相当好。两位嘉宾你来我往，争论得相当激烈。自此以后，这个节目一直大受欢迎，成为电视台的金牌节目。

迈克尔十分兴奋，再次拜访心理学家，一来致谢，二是为了请教心中疑惑：为什么会产生"坐向效应"。心理学家的解释是：

因为两个持不同观点的人相对而坐时，正面直视的视觉会产生一种压迫感，视线会具有一种直刺对方心理的攻击性，即便你不是有意凝视对方也不例外。在这种情形下，辩论会不知不觉地升级为激烈的论战。

学者们会不由自主地摒弃谦谦君子的温文尔雅，尽显捍卫论点的"英雄本色"。以前节目由于是保持距离的并排而坐，没有这样眼对眼的直视，双方的空间领域都没有感受到被"侵犯"，所以效果不好。

这种由面对方向所产生的心理效应在心理学上叫"坐向效应"。它告诉我们，当两个人或几个人在一起时，由于坐向不同，导致的情感态度也会不同：在多数情况下，面对面的坐向容易造成彼此之间紧张、对立的关系；而大家并排或呈 90° 角斜向而坐时，可以弱化视线的对立性，避免面对面、眼对眼直视的对立状态。

影视片中，当几个人进入一处陌生的、不友好的区域时，内行人往往会告诫其他人，"注意，不要直视对方的眼睛，以免引起冲突……"在日常生活中，两个人如果观点相左，发生辩论或争执时面对面紧盯着对方的眼睛的话，声音会越说越响，情绪会越说越激动，最终导致双方不欢而散。这些都与坐向效应相关。

在课堂上，许多学生碰到过这样的情景：

明明背得很熟的课文，或是能回答的问题，但因为一时紧张而背不出或答不上来，这时，老师越是盯着自己看或者追问，就越是紧张说不出来。一些有经验的老师会请学生先坐下，不再直视学生，以消除学生的紧张情绪，稍过片刻，自己移步到教室侧面后再请学生回答，学生在身心放松的情况下，背出课文、回答出问题的概率就会提高许多。

坐向效应对教育孩子有很多有益的启示。

当我们需要与孩子谈话聊天时，要尽量避免与孩子面对面。老师、父母应当坐在孩子身旁或者侧面，让孩子感受到沟通的气氛是平等的、友好的，充满亲情的交流与教诲，而不是在教训自己。

在赞赏孩子、鼓励孩子时，一定要与他并排而坐或呈 90° 角斜向而坐。这样更有利于帮助孩子分析原因，并激励他战胜困难的信心，给他温暖的亲情感受，还可以让他感受到他的一切都被老师或父母关注、重视和赏识。

但如果孩子出现了道德品行问题、出现了比较严重的违纪问题，有必要让他感到压力时，那就要表情严肃地面对面而坐，保持目光直视接触，通过毋容置疑的语言，促使他认识到问题的严重性，促使他立刻停止不良行为，并深刻反省。

坐向效应是一个简单实用的心理效应，不经意间的坐向改变，可能会使教育产生意想不到的效果。

# 自然惩罚效应
## ——让孩子承受犯错的后果

> 儿童所受到的惩罚，只应是他的过失所招来的自然后果。
>
> ——（法国）卢梭

当孩子犯了错误时，许多父母经常会不由自主地运用自己的"权力"，对孩子进行过多的指责，有时候会令孩子反感，达不到教育的目的。

18 世纪法国著名教育家卢梭在他的教育论著《爱弥儿》一书中，提出了一个著名的教育法则——"自然惩罚"，成为世界教育史上的一个里程碑。所谓"自然惩罚"，按照卢梭的说法就是："应该使他们（孩子）从经验中去取得教训。"具体来说，就是当孩子在行为上发生过失或者犯了错误时，父母不给予过多的批评，而是让孩子自己承受行为过失或者错误直接造成的后果，使孩子在承受后果的同时感受到不愉快甚至是痛苦的心理惩罚，从而引起孩子的自我悔恨，自觉弥补过失，纠正错误。

体育课后，大汗淋漓的迈克尔换上校服，将湿漉漉的运动衣裤塞入袋子里，以便放学时带回家去洗，可迈克尔第二天上学时却常常忘记带运动服。每当这时，他就打电话要求妈妈给自己送过来。迈克尔的妈妈是一位设计师，工作很忙，但出于对孩子的疼爱，她不得不经常中断工作，开车送运动服到学校去。

为此，妈妈没少唠叨："迈克尔，你都念中学了，怎么老是忘带运动服啊，妈妈工作也很忙……"有时也发火责骂："你不长脑子呀！这是最后一次，以后再也不给你送了！"但迈克尔依旧会隔三差五打电话给妈妈求援。

一次，迈克尔妈妈接触到"自然惩罚法"这一新的教育理论，于是决定试试这个方法。这天，迈克尔又忘记带运动服了，他又习惯性地给妈妈打电话："妈妈，我忘记带运动服了。您给我送来好吗？要不然我就不能上我最喜欢的体育课了。"妈妈说："不行，迈克尔，你应该为自己的行为负责。妈妈很忙，没空给你送。"迈克尔继续跟妈妈磨，但是这次妈妈的决心很坚定，她坚决地拒绝了迈克尔的要求。迈克尔没办法，只好按规定站在运动场边上，看着小伙伴们打球，还被老师批评了一顿。

放学回到家的迈克尔非常生气，一声不吭。妈妈决定不安慰他，让他自己好好想想，好好体验自己犯错误的结果。从此之后，妈妈发现迈克尔真的很少再忘记带运动服了。


迈克尔妈妈运用自然惩罚效应，让迈克尔为自己的行为负责，从而使他吸取了教训，改进了行为。下面也是一起典型的、成功的自然惩罚案例。


"咣啷"一声，有个11岁的美国男孩在踢足球时，不小心踢碎了邻居家的大玻璃。邻居向他索赔12.5美元，这在1920年时可是一笔不小的数目，足足可以买125只下蛋的母鸡！闯了大祸的男孩向父亲承认了错误，父亲让他对自己的过失负责。男孩为难地说："我哪有那么多钱赔人家？"父亲拿出12.5美元说："这钱可以借给你，但一年后要还我。"

从此，送报纸，替人擦皮鞋……这个男孩在上学之余开始了艰难的打工生活。经过半年的努力，终于挣够了12.5美元，还给了父亲。

这个孩子就是后来的美国第40任总统，罗纳德·威尔逊·里根。他说："正是通过这样一件事让我懂得了什么是责任，那就是为自己的过失负起责任。"

自然惩罚的关键是要让孩子感到所受的惩罚是合理的、是自己的错误造成的、是自作自受，自己是心甘情愿受惩罚的。自然惩罚的目的就是让孩子在心甘情愿中接受责罚的痛苦体验，从而吸取教训，改正错误。

如何运用自然惩罚方法，有以下几点建议：

第一，目的性要明确，是为了让孩子对自己的行为负责。父母应该和孩子讲清道理，让孩子懂得某种行为可能会带来的后果。但父母同时应该明白，孩子在成长的过程中犯些错误是在所难免的，学会对自己的行为负责，是每个孩子成长过程中重要的一步。过失本身所造成的后果也将会给孩子以深刻的教育。

第二，要使自然惩罚效应成立，就必须让孩子感到所受的惩罚，是自己的错误所导致的必然后果，而不是大人们愤怒之下，运用"权力"强加给他的惩罚。对一些可预见的、屡屡所犯的错误，可以与孩子协商，商议出几条"解决"方案，使日后可能出现的处罚变成了一种契约行为。同时"解决"的方案是有选择的，可以让孩子自己选择，让他们在实践中尝到自己选择的后果，同时吸取教训。一般来说，对这样的惩罚，孩子比较容易接受。因为，遵守契约规定就是兑现诺言，违约则意味着未守信用。

第三，自然惩罚避免了父母对孩子的斥骂与惩罚，让自然后果去惩罚和教育孩子，这不失为一种教育方法，但在这过程中父母要充满爱心，不要使孩子误以为家长对自己漠不关心。

# 首因效应

## ——不容忽视的"第一印象"

> 开卷之初，当以奇句夺目，使人一见而惊，不敢弃去。
>
> ——（中国）李渔

小弟要外出工作，哥哥教导说："要好好干！勤快些，特别是在刚开始时，要给别人留下一个好印象，即使以后有时偷懒，别人也会想：谁都有想休息的时候啊！最初就给别人一个懒惰的印象，即使以后变得勤快了，人家也会撇着嘴不屑一顾地说："懒虫一个！还装什么装！""

即使那位哥哥并不知道"首因效应"这个专业名词，但他依然不失为一位应用首因效应的高手！

暑假，班主任在教室里与前来登记报到的高一新生见面。刚开始点名，新生小王戴着一副墨镜，衣衫不整、满头大汗地冲了进来，班主任瞅了瞅这位身体结实、给人感觉有些吊儿郎当的学生，心里嘀咕起来：他会不会是个"刺头"？是否有经常迟到早退的坏毛病？会不会打架闹事惹麻烦？

在遴选临时班干部的时候，小王根本不在班主任的考虑范围内。两个月过去了，老师发现这位小王同学并不像自己所想象的那样，他性情温和，待人有礼貌，与同学的关系相处得十分友好融洽，既不迟到早退也不打架，且遵守学校纪律，热心为班级做好事，课余还为校报写些小文章。

老师决定找小王谈谈。经过交谈，老师了解到：小王在报到那天之所以戴着一副墨镜，是因为他那几天患了急性细菌性结膜炎（俗称"红眼病"），而那天迟到是因为一位大爷的手摇轮椅车的链条脱落了，他主动帮忙，费了不少劲儿才安装妥帖。然后一路奔跑到学校，弄得一头汗水且脏兮兮的。怕"红眼病"传染，报到结束没也找老师解释，就匆匆离开了……

第二个学期，小王担任了班干部，干得很出色。

由于给班主任的首因效应太差，品学兼优的小王竟然一度成了老师"防范与关注"的对象。

美国总统林肯追求内外一致，内外兼修。有一次，他拒绝了朋友推荐的一位相貌不佳的人才。朋友指责他："你不该以貌取人，任何人都无法为自己的天生面孔负责。"林肯反驳说："一个人过了四十岁，就应该为自己的面孔负责。"

虽然林肯的以貌取人也许不妥，但由此我们可以认识到首因效应的重要性。

首因效应在印象形成过程中有着举足轻重的作用。实验心理学研究表明，外界信息输入人脑时的顺序，在决定认知效果的作用上是不容忽视的。最先输入的信息作用最大，最后输入的信息也起较大作用。人脑处理信息的这种特点是形成首因效应的内在原因。首因效应本质上是一种优先效应，当不同的信息结合在一起的时候，人们总是倾向于重视前面的信息。即使人们同样重视了后面的信息，也会认为后面的信息是非本质的、偶然的，人们习惯于按照前面的信息解释后面的信息。

20世纪40年代中期，美国社会心理学家阿希在有关印象形成的实验研究中首先发现这种现象的存在，但未引起足够的重视。至50年代后期，洛钦斯对这种现象进行了系统的研究，不仅证明了它是普遍存在的，而且证明了它的作用的强烈性和持久性。

在学校教育过程中，教师带给学生的首因效应是非常重要的。因为它往往给学生带来一种心理思维定势，会影响到今后教与学双方的配合，影响到教师教学艺术的发挥，影响到教师威信的建立和教师对学生的教育管理。

首因效应适用范围具有一定的时空限制，它包括师生初次见面，新学期第一次课等。很多懂得教育学、心理学原理的优秀教师，每次教新班，都非常注重运用首因效应。他们对第一节课一定做最充分的准备，从衣着、表情，一直到教学的内容、重点、难点、时间分配、板书设计、课件运用、作业布置等都要精心策划，就连上课的第一句话如何说，结尾如何收场，都做精心运筹。这些教师不仅以认真负责的精神、强烈的责任感和创新能力来运用好首因效应，而且还善于对第一印象的管理和保持，使它持续不衰，使其积极的一面逐步形成"定势"作用。

身为教师，还要在正确、客观、公正地认识和评价学生方面，防范首因效应带来的负面影响。心理学研究表明，教师对学生最初的认识和感受，在评价思维过程中也有着强烈的定向作用。而最初印象往往是凭该学生的外貌、衣着、面部表情、言谈举止等外表获得的，常常带有片面性，缺乏具体分析。在最初印象的定势指导下，则每每产生心理偏见，造成错误评价。因此，教师认识了解与评价学生，一定要尽力克服情感因素的影响，要从学生的现实表现出发，调整自己的评价，切忌囿于最初印象。

作为家长，要加强孩子在谈吐、举止、修养、礼节等各方面的素质养成，要教育孩子文明礼貌，不仅可以留下好的首因效应，也是对别人的一种尊重。

# 目标效应之一
## ——有梦想就有动力

生命里最重要的事情是要有个远大的目标，并借助才能与坚毅来完成它。

——（德国）歌德

在很多年前的深秋的一天，有一位靠给别人放羊来维持生计的穷苦牧羊人，带着两个年幼的儿子，赶着羊群来到一处朝南的山坡。这时，从他们的头顶飞过一群大雁，并且越飞越远，最终从他们的视野中渐渐消失了。

"大雁要飞往哪里呢，爸爸？"牧羊人的小儿子问他的父亲。

牧羊人回答说："寒冷的天气马上就要来到，它们要飞往一个温暖的地方去过冬，等到来年天气暖和了，它们还是会飞回来的。"

"要是我们也能像大雁一样飞起来就好了，那我就要比大雁飞得还要高，去天堂看妈妈。"他的大儿子眨着眼睛羡慕地说。

"做只会飞的大雁多好啊！可以飞到自己想去的地方，那多开心啊，也不用放羊了。"小儿子也对父亲说。

牧羊人沉默了一下，然后对儿子们说："如果你们想飞，也会飞起来的。"

两个儿子试了试，并没有飞起来。他们用疑惑的眼神看着父亲。

牧羊人说："看看我是怎么飞的吧。"于是他张开双臂，模仿鸟儿的双翅扇动了两下，可是也没飞起来。想不到的是，牧羊人转过身用肯定的语气对儿子们说："可能是因为我的年纪大了才飞不起来，你们还小，只要不断努力，就一定能飞起来，去你们想去的地方。"

儿子们牢记着父亲的话，在以后的日子里一直不断地努力。等他们长大以后终于飞起来了，他们就是美国的莱特兄弟，他们发明了飞机。

"人类因为梦想而伟大。"人类最可贵之处就是对未来充满幻想：昔日对"千里眼""顺风耳""嫦娥奔月""龙宫探宝"，以及孙悟空一把汗毛变出无数个孙悟空的渴望，成就了今天的雷达、手机、宇宙飞船、潜艇，以及克隆技术的诞生……

真正热爱孩子的父母，当孩子有梦想时，应当为此感到高兴，因为这正说明了他们对这个世界已经产生了强烈的兴趣和旺盛的求知欲。父母应当呵护孩子的梦想，及时给予肯定、鼓励，及时正确地引导孩子的梦想，让梦想成为孩子未来发展的目标，成为孩子不懈奋斗的动力，让孩子在希望中不断地创造奇迹，最终让梦想的种子长成参天大树。

梦想是学习的动力，教育孩子确立自己的奋斗目标是培养孩子上进心的一个步骤。许多看似不切实际的梦想其实都可以实现，这是因为梦想会使人产生激情，最大限度地激发人的潜能。父母要学会给孩子以梦想的空间，让孩子在无数个梦想中充分发挥想象力与创造力。对于孩子来说，一旦有了梦想，就会积极地调动全身的潜能，主动地求知探索，就会有勤奋学习的动力，而且这种动力是持久的。

老师和家长，要把孩子的梦想化为一个个具体的目标。在引导孩子的梦想，送给孩子美丽的憧憬，送给孩子一个个热爱生活的愿景的同时，要根据维果斯基"最近发展区"理论，帮助孩子确立有一定难度、但不至于在完成的过程中失去追求兴趣的一个个目标。

当然，对于孩子来说，并不是所有的梦想都能实现，我们也不能奢望所有的梦想都能变为现实，梦想只是前进的动力和方向，是引导孩子前进的灯塔，是鼓舞孩子奋斗的风帆，是孩子取得成功的基石。当孩子心中有了梦想，他们就会为了梦想的实现而积极主动地学习，矢志不渝地追求。即便梦想没能实现，孩子的人生也会因为不断的拼搏奋斗而变得充实和有意义。

# 目标效应之二

## ——快乐在哪里

如果我们有意识地把快乐作为我们的目的，那我们就会莫名其妙地失去它；如果我们只是考虑事物自身的原因追求并得到它们，而不考虑它们带来的快乐，那我们实际上就会得到快乐。

——（美国）弗兰克纳

一群精力充沛的年轻人到处寻找"快乐"未果，反而遇到许多烦恼、忧愁和痛苦。他们向苏格拉底老师求教，快乐到底在哪里？苏格拉底说："你们要寻找快乐？这样吧，眼看着就要到雨季了，你们先帮我造一艘船吧！造好以后，我们一起出去划船，那时，我再告诉你们快乐在哪里。"

"好啊！"年轻人把寻找快乐的事儿暂时放到一边，齐心协力锯倒了一棵数人才抱得拢的大树，截掉权权丫丫的树枝，费了好大的劲儿，把树身拖到了一片平坦的空地上。然后，大家伙儿四处找齐造船的工具，用了七七四十九天，刨去树皮、凿空树心、劈砍流线形的船体、打磨船身、刷上桐油、制作船桨，造成了一条非常漂亮的大号独木舟。

独木舟下水了！年轻人们把老师请上船，一边合力划桨破浪前行，一边齐声唱起歌来。苏格拉底问："孩子们，你们快乐吗？"年轻人们打心底里由衷地高呼："快乐！快乐极了！"

苏格拉底说："快乐就是这样，它往往在你为一个明确目标忙得无暇顾及其他的时候突然造访。"

这个故事告诉我们，空泛的"快乐"是不存在的。生活需要有追求，一个有明确追求目标、并为之不懈努力奋斗的人，就是世界上最快乐的人。为此，每个人都要学会给自己确定奋斗目标，让自己在短期目标、中期目标和长期目标的追求中，过好生命中的每一天，感受每一次成功、每一个目标达成所带来的快乐。那些有明确奋斗目标的科学家是世界上最快乐的人群之一，他们潜心钻研，埋头于自己所喜欢的工作。这也许就是作家、摄影家、画家之类的专业人士为什么过得比平常人更有滋味的缘故。这个故事还告诉我们，快乐与烦恼主要取决于一个人对生活、对生命的理解。许多做义工、做慈善的人都认为，在给他人带来幸福与快乐的同时，自己也在收获着精神上的、心灵中的愉悦。

两位青年拜访一位高僧。逗逗的问题是"我如何才能变成一个自己愉快、也能够带给别人愉快的人呢？"墨墨谈了自己的苦恼，提出的问题是"如何获得快乐的良方？"

大师对逗逗说："送你四句话——把自己当成别人，把别人当成自己，把别人当成别人，把自己当成自己。"逗逗时时事事牢记住大师的话，终于成为一个自己快乐且能给别人带来快乐的人。

大师给墨墨的回答是："待你寻找到世界上最好的东西，你就会快乐。"于是，墨墨辞别妻儿，开始寻找世界上最好的东西。他逢人便问："你知道世界上最好的东西是什么吗？"重病患者无精打采地回答："那还用问吗？当然是健康的体魄。"正玩耍的孩童眨着眼睛告诉他："是一大堆玩具。"老者说："年轻是世界上最好的东西。"商人说："利润是世界上最好的东西。"画家说："色彩是世界上最好的东西。"囚犯说："自由是世界上最好的东西。"母亲说："我的孩子是世界上最好的东西。"女孩说："我爱过一个青年，他脸上那灿烂的笑容是世界上最好的东西。"……墨墨对这些答案都很失望，最后，疲惫不堪、蓬头垢面的墨墨无奈地回到了大师那里，"我没有寻找到世界上最好的东西，我现在只想和我亲爱的妻子和可爱的孩子在一起，我想念一家人冬天围着火炉谈笑、夏天吃着西瓜眺望星空的情景……"大师笑了，"你已经知道自己喜欢什么样的东西了，而那些会给你带来快乐。"

快乐在哪里？快乐其实就在我们每个人的心里，快乐其实就在我们身旁，关键是我们要有自己的目标：做人的目标、学习的目标、工作的目标、生活的目标……并为之而付出、而坚持、而努力。当目标达成以后我们会发现，在目标不断实现的过程中，我们也得到了人生的快乐和幸福。

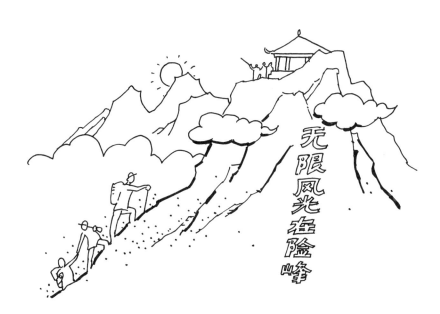

# 真爱效应

## ——有爱才有好的教育

教育不能没有情感，没有爱就如同池塘没有水。没有水就没有池塘，没有爱就没有教育。

——（中国）夏丏尊

布赖恩与单身母亲相依为命，在他很小的时候就习惯了自己准备好书包上学。每天放学回到家里，他都会发现嗜酒如命的妈妈又喝醉了。缺少家庭温暖的小布赖恩整日神情抑郁，落落寡欢，明显缺少同龄孩子的朝气。在一年级的时候，布赖恩被诊断出患有注意力不集中和中度语言障碍症。

那么，在缺少家庭教养的环境下，是什么驱使他去上学的呢？布赖恩说："在小学时，好像每年都至少会有一个老师夸奖我的作业。因为他们，我才坚持着上学和做作业。进入中学后，我几乎失去了继续学习的动力。就在这时，我的中学校长知道了我的情况，每次逃学，他总会把我叫到办公室去谈话，他关心我，照顾我，好像是老爸一样。因为他，我才顺利从初中学毕业并考上了高中。"

幸运女神没有一直眷顾布赖恩。进入高中后，缺失关爱的他逃课、和一帮小混混们一起荒废光阴、参与打架斗殴，从被学校留校察看处分，到最终进了少年犯管教所。

在管教所，布赖恩遇到了一个慈爱的管教老师。在这位老师的关怀和教育下，布赖恩重新点燃了对学习的兴趣。获释后，布赖恩完成了高中学业，考上了一所文科艺术学院并获得了全额奖学金，在读书期间还以全美大学生艺术创作大赛一等奖而闻名全国。毕业后，布赖恩设计的一件艺术品被华盛顿艺术博物馆永久收藏。

美国儿童问题专家威廉将布赖恩的成才归功于"真爱法则"，也就是"真爱效应"。他说："爱，是一个孩子向前的全部力量，教育的秘诀就是爱，教育的捷径就是爱之路。"作为家长和老师，要从内心接受孩子调皮捣蛋的行为，倾注全部的爱去浇灌他们幼小的心灵，给他们以无微不至的细心呵护，"问题孩子"也能成才。

有爱就有奇迹：

一个大型贫民窟里，一群社会学专业的大学生受学院里一位教授委派，调查当地200名男孩的生活环境和成长状况，并对这些孩子的前途做一次预测性评估。最终，每位大学生对调查对象的结论都是"这些男孩前途渺茫，不具备成为成功人士的各种条件"。

许多年过去了，这份社会调查报告被另一位教授无意中发现了，他意识到如果进行一次后续调查的话，不管结论如何，都将是非常有意义的。于是他布置学生们根据名单走访，看看这些男孩今日究竟是何状况。通过广泛的社会调查，竟然找到了昔日调查报告名单上的180名男孩，令人惊讶的是他们中居然有176名成功地融入了主流社会，许多人担任律师、医生或商贸公司老板。

教授惊诧之余，亲自拜访了这些成功人士，并提出同样的疑问："你摆脱昔日的困境，取得如此成功的最大因素是什么？"结果得到的回答大体相同："遇到了一位好老师。"

教授通过引荐，抱着极大的敬意来到了这位老师的居所。面对他的疑惑，这位慈祥的老太太微笑着回答道："其实也没什么，我真心爱这些孩子。"

"爱"可以成为支持孩子努力进步的源泉，"爱"可以将每一个孩子塑造成材，这就是故事所告诉我们的。

每一个孩子都可以是优秀的，但孩子需要在爱的沐浴下成长。意大利教育家蒙台梭利研究发现：孩子生下来就有"精神胚胎"，儿童的成长是顺应这个精神胚胎的"自然趋向"的。如果父母给孩子需要的养分（爱、自由、平等、尊重、信任），孩子将通过自我选择建立完好的心智。在孩子需要的养分中，"爱"占很大的比重。

　　今天，绝大多数父母都不缺乏对子女的"爱"，但是曲解和用错了"爱"的也不在少数：过分溺爱。溺爱是人性之中对子女的爱的过犹不及而造成的一种扭曲心理，中国父母对子女的溺爱已名列世界前茅；重物质，轻精神。在玩具、衣物、日常用品等物质上给予孩子极大的满足，但在现代快节奏的生活和工作的压力下，将孩子全部托付给保姆或是祖辈。忽略孩子内心的需求，亲情的温暖和支持不够；对孩子天性和非智力因素的忽视。不顾及子女的感受，强加给孩子各种各样的"兴趣"与"学习班"，固执地要把孩子塑造成自己想要的模样，等等。显然，这些都不是"真爱"。真爱效应要求父母要用温暖的爱抚慰孩子，尊重孩子的选择，尊重孩子的世界。

　　爱孩子是一门学问。父母和教师给予孩子的爱，应以关怀为起点、以理解为基础、以尊重信任为核心、以严格要求为原则，这样的爱才能使孩子感受到无限的温暖，成为他们积极上进、健康成长的力量。

# 补偿效应

## ——不可小觑的能量

失之东隅，收之桑榆。

——（中国）范晔

音乐家贝多芬，17岁失去母亲，32岁耳聋，接着又陷入了失恋的痛苦之中。对一个音乐家来说，这是多么大的打击啊！可贝多芬毫不消沉，毫不气馁，他在一封信中写道："我要扼住命运的咽喉，它妄想使我屈服，这绝对办不到。"他始终顽强生活，艰难创作，终于成为举世闻名的音乐家。

一个10岁的小男孩，虽然在一次车祸中失去了左臂，但是他一直很想学柔道。最终，小男孩拜一位日本柔道大师做了师父，开始学习柔道。师父教小男孩掌握了柔道中能单手克敌的一招，而对付这一招唯一的办法是对手抓住使用这招者的左臂。他学得很努力很刻苦，后来，在一次比赛中竟然赢得了冠军。

法国有个孩子从小就喜欢画画，14岁时已小有成就。父亲带他去见好友毕加索，想让大师收他为徒。毕加索看了他的作品后，拒绝了。毕加索说："如果您想让孩子成为一个真正的画家而不是毕加索第二，您就把他领回去让他自己去创作，他很有前途。"大约40年后，当年那个孩子的一幅画作第一次进入苏富比拍卖行就拍到了160万英镑，他成了有名的视幻艺术派的鼻祖。就这样，在20世纪，法国美术界少了一个大师的真传弟子，多了一个开创新流派的大师级画家。

中国的保尔——张海迪，身患高位瘫痪，在病榻上自学了从小学到高中的全部课程，自修了大学的英语、日语教材，还学习了德语和世界语，取得了研究生学历。从 15 岁起，她就钻研《针灸学》等医学教材，治疗病人一万多人次。她还勤勉著书立说，翻译外文著作和资料，创作了多部文学著作。

堪萨斯州的一场冰雹砸坏了克莱德·汤博家农场上所有的农作物，几乎让他家破产，也断送了他上大学去读天文学的希望。没有上成大学的汤博，坐在地里继续看星星。20 岁那年，他开始自己动手做望远镜，所用的部件是从家里一辆 1910 年出厂的别克汽车和农用机械上拆下来的，镜片也是他自己手工磨出来的。汤博自绘的观测图给罗威尔天文台的天文学家们留下了深刻印象。1929 年，汤博被邀请到天文台工作。1930 年 2 月 18 日，这是一个天文学史上的重要日子，汤博发现了冥王星的存在！

"失之东隅，收之桑榆"是句著名的成语，意思是这里失去的东西在别处得到补偿。上述故事中的人物都有生理上或人生其他方面的缺憾，但通过自身的努力，都在某一领域获得了成功，缺憾得到了补偿。因此，心理学研究认为，人为了克服自身生理、心理或其他方面的缺憾，往往会努力奋斗、会竭力以强补弱。由这种不同寻常的心理品质导致取得成功，我们称之为"心理补偿效应"。

这种心理补偿效应，在学校教育和家庭教育中都或显或隐地存在。正面的心理补偿效应有：一些学习较困难的学生，以勤补拙，付出比别人多的努力和辛苦，取得了好的成绩，实现了自己的理想。负面的心理补偿效应有：少数学习成绩不够理想、但人高马大的同学，喜欢以身体上的优势欺负弱小同学，来满足自己的补偿心理。一些学生家长过去因种种原因，失去了上大学的机会，现在就全力以赴创造条件让孩子读大学，也可以归为心理补偿效应。

补偿是对自身缺憾与弱点的弥补，但同时也是对自身潜能的开发。它作为一种对付挫折缺憾的适应机制，可以说每个人都不同程度地需要它。倘若一个人毫无心理补偿的欲求，那么，他的人生肯定平庸，缺乏生命的活力。

中小学生正处于身心发展阶段，遇到生理、心理上的缺陷或挫折，不一定能正确对待。有可能会用以强凌弱、炫耀新潮衣着服饰、顶撞师长等方式，来引起他人的注意，进行心理补偿。教师与家长应引导学生减少心理压力，实施积极的、切实可行的补偿措施，避免消极的盲目的负面补偿行为。

# 尊重效应
## ——哈佛大学之痛

> 对上级谦逊是本分，对平辈谦逊是和善，对下级谦逊是高贵，对所有的人谦逊是安全。
>
> ——（古希腊）亚里士多德

一对朴素的老年夫妇，妇人穿着一套褪色的条纹棉布衣服，她的丈夫穿着便宜的粗布西装，没有事先约好，就直接去拜访美国哈佛大学的校长。校长秘书在片刻间就断定这两个乡下人不可能与哈佛有业务来往，于是委婉地拒绝："校长整天都会很忙。"的确，校长办公室不时有衣着华贵笔挺、器宇轩昂的人进进出出。

老太太诚恳地说："没关系，我们可以等他。"

几个小时过去了，校长室已经安静了下来，老两口仍然呆坐在那里。秘书看到两位老人丝毫没有要走的迹象，于是通报了校长，校长不很情愿地接见了他们。老太太向校长说明了来意："我们有个儿子曾经在贵校读过一年书，他很喜欢哈佛，在哈佛的生活很快乐。但是去年，他发生意外死了。我们很伤心，我丈夫和我商量过了，想要在校园里为孩子留一个纪念物。"

望着这对相貌平平的老夫妇，校长不耐烦地回应道："夫人，我们不能仅仅因为这位亡者读过哈佛大学而为他竖立雕像。要是那样的话，我们的校园看起来会像墓园一样。"

老太太急忙辩解："不是的，不是的，我们不是要竖立一座孩子的雕像，我们想要捐一栋大楼给哈佛大学。"

校长打量一下他们那身廉价的穿着，轻蔑地说："你们知不知道建一栋大楼要多少钱？我们学校的任何一栋建筑物都超过 750 万美元。"

老太太愣了一下，沉默不语了。校长很高兴，心想总算可以把他们打发走了。

这时，只见回过神来的老太太站了起来，神情激动地向她的丈夫说："只要 750 万美元就可以建一座大楼？那我们为什么不干脆建立一所大学来纪念我们的儿子？""是啊，是啊。"她的丈夫频频点头表示完全赞同。

就这样，斯坦福夫妇离开了哈佛，在加州建立了如今已闻名全球的斯坦福大学来纪念他们的儿子。斯坦福大学现位于世界 IT 行业的心脏——硅谷，学校的计算机系雄冠全球。

俗话说，人不可貌相，海水不可斗量。以服饰相貌取人是缺乏道德修养的表现。以外表作为评断人的标准，不但贬低了别人也贬低了自己，更因此会失去许多成功的机会。

尊重是一种修养，一种品格，一种对人不卑不亢、不俯不仰的平等相待，对他人人格与价值的充分肯定。任何人不可能尽善尽美，完美无缺，我们没有理由以高山仰止的目光去向别人献媚，也没有资格用不屑一顾的神情去嘲笑他人。假如别人某些方面不如自己，我们不要用傲慢和不敬的话去伤害别人的自尊；假如自己某些方面不如别人，我们也不必以自卑或嫉妒去代替应有的尊重。

一个真心懂得尊重别人的人，一定能赢得别人的尊重，许多成功的机会也就蕴藏在"尊重效应"之中。《史记·留侯世家》中有这样一段记叙：

张良散步来到下邳桥上，迎面走来一位穿褐色麻衣的老翁，张良侧身让路，老翁却停步脱下鞋，将鞋扔到桥下，说："小伙子，下去替我把鞋子取回来。"张良看到老翁满头白发，便默默下桥把鞋子捡了回来。"给我穿上！"老翁呼道。待张良俯身跪着为他穿上鞋后，老翁抚须大笑而去。行了一里地又返回，发话道："孺子可教！五天后天亮时，来此与我相见。"

张良恭谨应允。第五天一早，张良刚赶到下邳桥，就听到老者的声音从桥上传来："比我这八旬老翁还来得迟，回去吧，五天后再来！"张良满脸通红讪讪离去。又过了五天，鸡刚打鸣，张良便匆匆赶向下邳桥，哪知，老翁早就站在桥上，面有怒色地说道："你又迟到了！念你年少，再给一次机会，过五天再来吧！"张良被老翁训得哑口结舌。五天后，张良不顾夜间寒气逼人，半夜就守在了桥头。东方欲晓之际，老翁的身影出现了，张良连忙上前迎接。老翁喜道："待人接物理当诚恳谦逊，少年之人，尤应如此。"说着从怀中掏出一卷《太公兵法》："当今天下战乱不止，老朽授你奇书一卷，有助于治国安天下。"

　　张良从此勤奋攻读，这部书给了他许多智慧和谋略，使他日后成了刘邦的重要谋臣和开国功臣。

　　尊重每一个人是我们应该做到的，是我们每一个人需要终生学习的一大课题。我们还应该教育孩子从小就养成尊重每一个人的良好习惯，只有将"尊重他人"从小就真正内化为自己品格的一部分，才可能在漫漫人生路上将"尊重他人"的良好品质自然地外显于日常的点点滴滴之中。此外，我们对孩子也要尊重。成年人是孩子的榜样，成年人不尊重孩子，培养出来的孩子要么不懂得尊重，要么便是表面尊重而内心轻慢他人。

# 心理定势效应
## ——驴子的吃亏

> 想象力比知识更重要，因为知识是有限的，而想象力概括着世界的一切，推动着进步，并且是知识进化的源泉。
>
> ——（德国）爱因斯坦

一位穿着昂贵皮鞋，西服笔挺、连领带夹上都镶着宝石的犹太人，提着一个公文包来到纽约一家银行的贷款部，经理立刻迎上去："请问，先生您有什么事情需要我们效劳的吗？""我想借些钱。"经理爽快地答应："好啊，您要借多少钱？"犹太人说："1美元。"经理希望犹太人不是在开玩笑："您，您只需要1美元吗？"犹太人："是的，我只需要借1美元，难道不可以吗？"经理迟疑地回答："根据规定，借钱的年利息为6%，只要有担保，借再多的钱也可以。"犹太人微笑着从公文包中拿出一厚沓股票和国债凭证，放在经理的面前："这些东西总共价值50万美元，应该够做担保了吧？"经理检验了真伪后，仍不相信地回答："当然，当然。但是您确定只要借1美元吗？""是的，谢谢。"犹太人办完手续，接过了1美元，转身准备离开。

目睹了整个过程的银行行长现身了，他递上一张名片后开口问道："先生，您用了价值50万元的票证做担保，可以借10万美元或是更多，但您只借了1美元。对此，我很好奇……"犹太人礼貌地回答："您不必疑惑。各家金库保险箱的租金都十分昂贵，而我在贵行借1美元，由银行替我保管这些有价票证，一年只需要6美分，又便宜又安全。"

"心理定势效应"主要是说一个人在长期生活学习实践中会形成相对固定

的思维模式，包括认知和情感模式，从而在解决一些实际问题时，无法摆脱既有思维和惯性的左右，无法取得新的突破。心理定势的优点是可以帮助人们迅速地做出反应。但是，它的缺点是会把人的反应局限在一个狭隘的范围中。心理定势的存在是由心理学家洛钦斯通过实验证明的。

在国外，长期外出时租用金库的保险箱存放贵重物品是大多数人的选择，这已成为一种习惯和心理定势。这位犹太人打破常规，另辟蹊径，利用银行的信贷规则，以最小的代价达到了贵重物品安全托管的目的，给予我们许多启发。

对中小学生而言，大多时候是这种思维定势的负效应在问题的解决中起着限制作用，它限制着学生的想象范围，并使学生分析问题的方法定型化，解决问题的思路概念化，即习惯于旧有的、现成的思路，难于用新的方法去了解和思考问题。那么，在教育教学中如何避免具有负效应的定势效应，正确诱导并充分利用思维定势的正效应，培养学生高水平的创造性思维呢？

一是要教会学生独立思考问题，把学生引入积极的思考、探索状态。

一个外国教育代表团来到中国，慕名在某省的一所中学听了一节科学课，听课的还有一些当地的老师。执教的老师知识渊博，讲课时深入浅出、旁征博引，授课非常圆满缜密、精彩有方。最后当他说"今天这节课就学这些内容，下课"的同时，下课的铃声正好响起，博得了一阵掌声。奇怪的是，听课的外国教育专家却几乎无人鼓掌，原因是，他们认为，学生应该是带着问题走进课堂，然后带着更多的问题与思考走出课堂。这节课在这方面显然是有欠缺的。

二是要激活学生的思维，历练学生具体问题具体分析的能力。要让学生们知道，不能把偶然的成功，尊奉为永久的成功经验法则，世上没有一成不变的事物，也没有放之四海而皆准的真理。有一个寓言故事：

一头驴子背着沉甸甸的几袋子盐，长途跋涉在崎岖的山路上。途中经过一条小溪，水不深，清澈见底，驴子由于太累了，蹄子踏在鹅卵石上一滑，摔倒了。站起来继续前行时，驴子发现背上驮的分量在逐步减轻，暗想："原来在溪水里摔一跤，背上的东西便会轻许多！"

不久，驴子驮着棉花又上路了。这次来到小溪后，驴子故意一滑，又摔倒在溪水里，过了一会儿才慢腾腾地站起来。"哎哟，怎么回事？怎么一下子这么沉重啊！天啊！"

自以为聪明的驴子，还以为同样是驮东西，同样的小溪，解决问题的办法应该是一样的。岂不知，背上的东西变了，浸水后的结果自然大不相同。

三是要积极鼓励学生的创新思维，不要怕失败。很多老师与父母虽然口头上鼓励孩子创新，但现实版的时时刻刻的灌输，急功近利的标准答案，不给孩子留有求异思考的时间与空间，而且孩子的尝试一旦失败，就严加指责，这样做只会增强负效应的心理定势效应。探索的路上必然有失败，正反的经验教训都是孩子成长过程中的宝贵财富，父母和老师在孩子失败时，要多加鼓励，才能帮助孩子走出负效应的心理定势效应束缚。

人是社会性的，因而有趋同；人是历史性的，因而有继承；人又是善于思维的，因而永远会有创新。

# 近期目标效应
## ——走完下一公里

> 成功就是一个人事先树立有价值的目标，然后循序渐进地变为现实的过程。
>
> ——（美国）格莱恩·布兰德

故事一：

英国知名作家西瓦·瑞德曾经是一名优秀的战地记者。第二次世界大战期间，他勇敢地从一架受损的运输飞机上跳伞逃生，降落伞随风飘落到缅甸与印度边境的荒野丛林中。通过与当地人用手比划着交流，他得知这儿距印度最近的市镇也有225公里，何况还不是平坦大道。太遥远了！这对于习惯以车代步的西瓦·瑞德来说，几乎是段不可能的路程。

为了活命，他拖着落地时扭伤的脚，一瘸一拐地开始朝着遥远的地平线迈开步子。这位研究过心理学的西瓦·瑞德知道该如何调节自己的情绪，他每次给自己设定的目标都是"走完下一公里"。奇迹发生了，历尽艰难的西瓦·瑞德终于回到了印度。

西瓦·瑞德的这段经历后来广为流传，在他的家乡伦敦肯德郡引起不小的轰动，许多年轻人把西瓦·瑞德作为激励自己克服困难的楷模，把"走完下一公里"作为自己的行动的座右铭。

故事二：

小个子的日本马拉松选手山田本一是位普通的长跑选手，成绩并不拔尖，然而他却出人意料地在1984年日本东京国际马拉松邀请赛上夺得了冠军。当记者采访问他有什么秘诀时，他很简短地回答道："我是用智慧战胜了对手。"人们认为他的回答是故弄玄虚。因为谁都知道，马拉松比赛比的是体力和耐力，跟智慧挂不上钩。

1986 年，在意大利国际马拉松邀请赛上，矮个子的山田本一又一次夺冠。面对记者，他还是那句话："我用智慧战胜对手。"这一下子，人们不再挖苦他了，而是纷纷猜测起这句话的意思来：难道他真有什么诀窍？

10 年后，他在自传中解开了谜底：刚开始跑马拉松时，我把 40 多公里外的终点标识作为自己脑子里的唯一目标，结果跑了十几公里时就疲惫不堪了，其实我是被前面那段遥远的路程给吓倒了。后来每次比赛之前，我都会乘车把比赛路线细细地考察一遍，并把沿途较醒目的标志画下来。比如，第一个标志是一栋漂亮的高楼；第二个标志是一棵苍劲茂盛的大树；第三个标志是一个造型奇特的广告牌；第四个标志是……这样一直画到赛程的终点。

42.195 公里的马拉松路程被山田本一分解成一段段小里程，他一个目标一个目标地完成，便顺利地跑完了全程。

上述两个故事是典型的"近期目标效应"的实际运用。近期目标效应之所以能够产生如此奇特的效果，就在于它把大目标分解成小目标，把远目标变成近目标，把模糊的目标变成具体的目标，让人从心理上产生看得见、够得着的感觉。

心理学家曾经做过这样一个实验：组织三批人，让他们分别朝着十公里以外的三个村子进发。

A 组的人被告知只要跟着向导走就行了，他们既不知道所去村庄的名字，也不知道路程有多远。刚走出两三公里，就有人叫苦不迭；走到一半的时候，有人愤怒地抱怨到底要走多远，何时才能走到头？甚至有人坐在路边不愿走了；他们的情绪随着时间的延长而愈发低落。

B 组的人知道村庄的名称和距离，但路途中没有指示标志，只能凭经验来估计行程。在大多数人不知道已经走了多远、开始疑惑时，比较有经验的人说："大概走完了一半的路程。"于是大家又满怀希望地继续往前走。当走到全程的 3/4 的时候，大家觉得疲惫不堪、情绪开始低落，而路程似乎还有很长时，有人说："估计应该快到了！"提振了大家的信心，坚定了迈向终点的步伐。

C 组的人不仅知道村子的名字、路程，而且所走的路旁边每一公里都有一块里程碑。目标、所剩距离都知道得非常清晰的他们，一路歌声笑声不断，行进中的好情绪一直保持到抵达目的地。

心理学家从实验中得出结论：如果人们有明确的、可达成的目标，并能够不断将行动与目标加以对照，清楚地知道自己与目标之间的距离的话，那么人们行动的动机就会得到维持和加强，就会自觉地克服困难，努力实现目标。

孩子成长的过程好比马拉松比赛，学会分解目标的人，将目标具体化的人，将会更容易到达光辉的终点。

近期目标效应还说明，目标不仅要分解，而且要具体。有人做过这样的实验：把一批在跳高中跳过了 1.2 米的人随机分成两组，两组人的个子都差不多。然后对第一组说："你们能跳得更高。"而对第二组说："你们能跳过 1.35 米。"分别让他们去跳。结果，第一组由于没有具体的目标，所以他们大多数人只跳了 1.2 米多一点。而第二组，有 1.35 米这样一个具体要求，最后虽不是所有的人都跳过了 1.35 米，但他们平均每个人都跳得比第一组的人高。由此可以看出有没有具体目标的差别。

美国著名的心理学家弗鲁姆认为，人的积极性，不仅来源于实现目标的价值，更取决于实现目标的概率。当孩子估计出实现目标的概率很高，便会积极努力去完成。著名的教育家维果茨基也强调，一个目标完成的难易程度处于对这个人既有一定挑战性、又在其通过努力后可能完成的区间内，人们才会调动自身的潜能去争取。教师和家长帮助学生制订目标的道理也相同——既要基于现实，又要超越一般标准。太难和太容易的目标，都不会激发学生想要去实现的热情。所以，老师和家长在教育学生的过程中要充分利用近期目标效应，让孩子慢慢地、一个一个地实现近期目标，逐步积累，最终实现长远目标，变成一个各方面都很优秀的孩子。